CEGO ADERALDO

Copyright do texto © 2013 Cláudio Portella
Copyright da edição © 2013 Escrituras Editora

Todos os direitos desta edição reservados à
Escrituras Editora e Distribuidora de Livros Ltda.
Rua Maestro Callia, 123 – Vila Mariana – São Paulo, SP – 04012-100
Tel.: (11) 5904-4499 / Fax: (11) 5904-4495
www.escrituras.com.br
escrituras@escrituras.com.br

Diretor editorial Raimundo Gadelha
Coordenação editorial Mariana Cardoso
Assistente editorial Bélgica Medeiros
Capa, projeto gráfico e diagramação H. Arte&Design
Imagem da capa Cego Aderaldo. Arquivo Mário Aderaldo/Nair Brito.
Gentilmente cedida pela Cariri Filmes.
Revisão Jonas Pinheiro e Paulo Teixeira
Impressão Arvato Bertelsmann

Dados Internacionais de Catalogação na Publicação (CIP)
(Câmara Brasileira do Livro, SP, Brasil)

Portella, Cláudio
  Cego Aderaldo: a vasta visão de um cantador/
Cláudio Portella. – São Paulo: Escrituras Editora, 2013.

  Bibliografia
  ISBN 978-85-7531-445-6

  Aderaldo, Cego, 1878-1967 – Poesia
2. Cantadores – Brasil, Nordeste 3. Folclore –
Brasil, Nordeste 4. Literatura de cordel – Brasil
I. Título.

13-02509   CDD–398.5098122

Índices para catálogo sistemático:

1. Nordeste: Brasil: Cantadores e cordelistas:
    Vida e obra 398.5098122

Impresso no Brasil
Printed in Brazil

CLÁUDIO PORTELLA

CEGO ADERALDO
a vasta visão de um cantador

São Paulo, 2013

Para minha avó, Juvina Quinto Ribeiro,
que me recitava cordéis.

SUMÁRIO

PREFÁCIO		9
CAPÍTULO I	Uma vida árida	11
CAPÍTULO II	A primeira peleja de Cego Aderaldo	17
CAPÍTULO III	A peleja de Cego Aderaldo com Zé Pretinho do Tucum	23
CAPÍTULO IV	Os caminhos de Cego Aderaldo	41
CAPÍTULO V	O encontro com Padre Cícero e Lampião	45
CAPÍTULO VI	O encontro com Padre Antônio Vieira	51
CAPÍTULO VII	A peleja de Cego Aderaldo com José Francalino	55
CAPÍTULO VIII	O gramofone, o projetor e a mercearia	73
CAPÍTULO IX	Cego Aderaldo e a propaganda	79
CAPÍTULO X	O poeta e jornalista Rogaciano Leite e o Cego Aderaldo	95
CAPÍTULO XI	Cantorias de Cego Aderaldo com Domingos Fonseca	101
CAPÍTULO XII	O cantador	115
POSFÁCIO	Por trás da retina	121
MOTES E GLOSAS		125
POEMAS		133
NOTAS		155
ANEXOS		163
CRONOLOGIA		171
REFERÊNCIAS		177
CRÉDITOS DAS IMAGENS		183
SOBRE O AUTOR		189

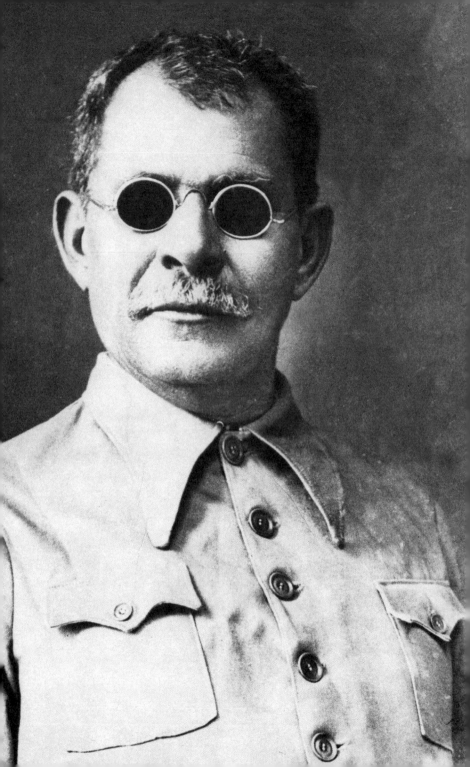

PREFÁCIO

Comum, em minha infância, apelidarmos as crianças que usavam óculos – nossos amigos de sala de aula, das brincadeiras em final de tarde na nossa rua – de Cego Aderaldo. Os *nerds* de hoje, por conta dos óculos, são os Cegos Aderaldo de minha infância. Temo o apelido se extinguir, nos novos tempos de *nerds* e de grande crescimento tecnológico.

Este livro é pela manutenção do apelido de Cego Aderaldo. Cada vez que chamarmos alguém de Cego Aderaldo estaremos, mesmo inconscientes, evocando a figura do fenomenal cantador. Escrevo este livro buscando dotar o "inconsciente coletivo do apelido" de verídicas informações sobre o cantador Cego Aderaldo.

Cego Aderaldo nunca escreveu um livro – o mais próximo a que chegou foi narrar sua história ao escritor Eduardo Campos. Mas compôs alguns folhetos de cordel. Antes de ficar cego sabia ler e escrever, e já compunha acrósticos. Depois de cego aprendeu a ler em braille. Para saber as horas, usava um relógio com o mostrador em alto-relevo. Tinha o verso preciso, a palavra justa. Foi um cantador itinerante, um artista do bom improviso. Aos acordes de sua viola, seu cantar era exato, redondo, suas rimas perfeitas. Não se repetia. Daí, sua enorme vantagem sobre os demais cantadores. Seu vocabulário era fácil, acessível a todos. Sua palavra, cantada, tinha muita força simbólica.

A obra de Cego Aderaldo é um manancial de ricos achados orais. Foi estudada por grandes mestres folcloristas: Luís da Câmara Cascudo, Edson Carneiro, Leonardo Mota, Alceu Maynar de Araújo etc. Publicá-la na íntegra exigiria uma pesquisa acurada.

Aderaldo Ferreira de Araújo era mais do que suas rimas poderiam deixar supor. É o que hoje percebemos – mais que um pássaro alado em sincronia com Ícaro[1] –, a sublimação entre folclore e cultura.

Por mais que possa assemelhar-se, no imaginário popular, Cego Aderaldo não é um mito, muito menos uma lenda. É uma saga. Para ser ouvida sob uma bela lua em terreiros do país inteiro. Ou nas salas de aula das nossas escolas e universidades.

CAPÍTULO I

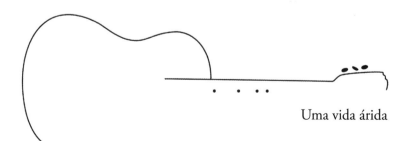

Uma vida árida

Cego Aderaldo, ou melhor, Aderaldo Ferreira de Araújo[2], nasceu numa humilde casa na rua da Pedra Lavrada[3], na cidade do Crato, em 24 de junho de 1878. Mais tarde, a rua foi denominada rua da Vala e atualmente se chama rua Tristão Gonçalves. Seu pai, Joaquim Rufino de Araújo, era alfaiate (profissão rentável no final do século XIX, a família vivia bem, até o pai adoecer). Sua mãe, Maria Olímpia de Araújo, era dona de casa. Vão morar em Quixadá (tem uma rua[4] na cidade com seu nome. Há também, na praça da Rodoviária, uma estátua do Cego, esculpida por João Bosco do Vale, medindo 2,70 metros de altura, chegando a quatro metros com o pedestal e demais suportes, inaugurada em 1981. No museu da cidade, há uma sala com seu nome em que há fotos suas, um baú e um violão que lhe pertenciam. Sua casa, na avenida Plácido Castelo, 2455, onde morou, ainda guarda objetos que lhe pertenciam). Lá, o pai sofre uma congestão (denominação popular de Acidente Vascular Cerebral – AVC), que o deixa com grave dificuldade de falar, surdo e aleijado. Nessa época, Aderaldo era uma criança de pouco mais de dois anos.

Devido a essa fatalidade, Aderaldo, aos cinco anos de idade, passa a trabalhar na casa do Sr. Miguel Clementino de Queiroz, ganhando dois vinténs por dia. Dinheiro com o qual sustenta o pai (a mãe executava trabalhos domésticos para terceiros em troca de alimentos e alguns poucos réis). Desde então, exerce vários ofícios, como os de aprendiz de carpinteiro, empregado de hotel, operário numa forja de ferro (do ferreiro Antônio Henrique), entre outros. Sua vida, nessa época, é uma ciranda de fatalidades. Seu irmão Raimundo morre aos treze anos de idade. O outro, Reginaldo – Cego Aderaldo teve dois irmãos –, tentado pela febre da borracha vai para o estado do Amazonas e nunca volta. Deixando-o sozinho, com a mãe e o pai aleijado.

Em 10 de março de 1896, seu pai morre. E, no dia 25 do mesmo mês, Aderaldo pede água para beber numa casa bem perto de onde trabalhava, após devolver o copo, sente uma terrível dor nos olhos, desde então, vai, gradativamente, perdendo a visão[5]. Frequentemente, gotejava sangue dos seus olhos, até que, em meados de agosto do mesmo ano, estava completamente cego. Tinha então dezoito anos. Leonardo Mota, em seu já raro livro *Cantadores, poesia e linguagem do sertão cearense*, conta que Cego Aderaldo perdeu a visão quando maquinista, num desastre na "Estrada de Ferro de Baturité". Luís da Câmara Cascudo, no livro *Vaqueiros e cantadores*, também fala no desastre na estrada de ferro que lhe tirou a visão. Mas tanto Mota quanto Cascudo estão equivocados. Cego Aderaldo nunca trabalhou em estrada de ferro nem foi no tal acidente, que nunca houve, que ele perdeu a visão.

Eis o dilema: cego, sem poder trabalhar e os brios de moço jovem a dizer-lhe que seria por demais vergonhoso não ter como ganhar o próprio sustento. Passou dias nesse tormento. Até que, uma noite, se sonhou cantando:

"Oh! Santo de Canindé!
Que Deus te deu cinco chagas,
Fazei com que este povo
Para mim faça as pagas;
Uma sucedendo às outras
Como o mar soltando vagas!".

Percebeu, por fim, ser esse o caminho. Contou o sonho a uma amiga que lhe deu um cavaquinho[6]. Nasciam, assim, as andanças de Cego Aderaldo. Passou a arranhar as cordas do cavaquinho e a cantar, como uma gralha, no terreiro de casa. A pobre mãe achava um primor. Via aquilo como a recompensa de Deus todo misericordioso. Uma retribuição por tanto sofrimento. Mas o Cego sabia ser somente o início de um eterno aprendizado.

Um dia resolve sair pelas redondezas se oferecendo:

– Querem que o ceguinho cante?
– Cante! Se agradar...

Agradava e recebia paga: farinha, arroz, feijão, fumo, café, carne, milho. Enchia a sacola e voltava para casa exultante. A mãe o aguardava feliz. Finalmente, Jesus os abençoara.

Numa dessas voltas para casa, depois de um dia gordo – trazia até um carneiro – encontra a pobre mãe contorcendo-se de dor, estava doente. Na manhã seguinte, procura o Dr. Batista de Queiroz. Porém, o médico nada pôde fazer por ela. Aconselhou-o a chamar um padre. Era caso perdido. Aderaldo estremeceu. Sentou-se numa esteira de palha, acendeu uma vela e agonizou junto à mãe, enquanto esta vida tinha. Foram alguns dias de agonia. A mãe, antes de morrer, disse-lhe umas últimas palavras. Aderaldo as levou consigo por toda a vida. Foram palavras simples, mas dotadas de grande sabedoria: "Meu filho, respeite a todos e ande direito, porque Deus, no Céu, está vendo quem é bom e quem é mau".

Com a mãe morta, restava o enterro. Como? Não tinha um vintém sequer. De madrugada, um amigo avisa-o de uns hóspedes que estão na cidade. Vai em busca desses. Encontra-os festivos e já bêbados. Aderaldo improvisa alguns versos, ganha vinte mil-réis e alguns enxovalhos.

Alugou um caixão na igreja por cinco mil-réis. Comprou cinco metros de chita preta para fazer a mortalha. Um novelo de fio, por quinhentos réis. O fio para fazer o cordão que os mortos levavam em volta do corpo, como era costume na época. Dois mil e quinhentos réis, a cova. Três mil, a missa. Mil réis, uma cruz de madeira. Dois mil-réis de repiques de sino. Sobraram quinhentos réis.

Botou o dinheiro no bolso, fez o sinal da cruz e perguntou:

– Pra que lado fica o nascente?
– É pra cá, no rumo da Serra Azul – responderam.

Pé na estrada. Chão que não acabava mais. Espinhos. Urtigas. De repente: galinhas! Estava num galinheiro. O galo canta. Uma voz grita:

– Tem ladrão aí!
– Não é ladrão não, gente!

– Ah, é um ceguinho – disse uma voz de mulher.
– Doninha, sou o Cego Aderaldo.

A moça toma-o pelo braço e leva-o para casa. Dá-lhe uma rede. O Cego dorme tranquilo, o mais manso sono daqueles últimos dias. No dia seguinte, "Doninha" chama um menino e manda-o, com recomendação, à casa da amiga Dona Santana. Pois, lá, tinha certeza, a amiga arranjar-lhe-ia alguma coisa.

As crianças passam a ajudá-lo, primeiro o menino que o leva à Dona Santana; de lá, o que o guia à casa do rico fazendeiro Faustino. Chegando à fazenda do senhor Faustino, trata logo de reunir a meninada para contar-lhes histórias de trancoso, de mula sem cabeça, de fadas, de boi valente... O primeiro dia realmente feliz após a morte de sua mãe.

CAPÍTULO II

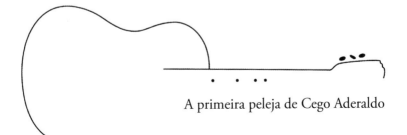

A primeira peleja de Cego Aderaldo

A primeira peleja real do Cego, porque muitas são fictícias, foi com o cantador Antônio Felipe. Cego Aderaldo estava arranchado no alpendre de uma casa quando surge Antônio Felipe – os cantadores vinham de longe em busca de uma boa briga e, consequentemente, de alguns trocados:

– Vim cantar com um cego, onde é que ele está?
– Se for o Cego Aderaldo, sou eu...
– Pois se prepara que eu quero cantar com o senhor.
– Mas eu não sei cantar direito, o senhor me desculpe...
– Pois trate de cantar certo!

O povo se aglomerou. Antônio Felipe cantou:

*"Tenho atração de Jiboia,
sou forte como um leão.
Na ciência em cantoria,
sou igual a Salomão.
A força deste meu peito,
veio do braço de Sansão".*

E o cego aprendiz, no ato:

*"No tempo em que eu era moço,
comia meu ensopado.
Agora como sou cego
só como macaco assado".*

A peleja foi até às nove da noite. Depois de contado o apurado, uns dois mil-réis, Antônio Felipe falou enjoado:

– Você, cego, fica com cinco tostões. Eu cantei mais, o senhor não cantou nada.

Aderaldo já se achava o mais injustiçado dos homens, quando um senhor de nome Pacheco, comerciante próspero, aproximou-se:

– Deem todo o dinheiro ao cantador. O cego fica por minha conta.

Pacheco levou Aderaldo para casa:

– Cego, você vai para a minha casa, te darei rede pra dormir e comida farta: tapioca, queijo, carne, leite e café.

Foi a melhor refeição que o Cego teve na vida, dada de bom grado, no momento preciso. Bem alimentado, na casa de Pacheco, Aderaldo criou uma obra dedicada à sua mãe: *As três lágrimas* [7]:

"Eu ainda era pequeno
mas me lembro bem
de ver minha pobre Mãe
em negra viuvez.
Meu pai jazia morto
estendido em um caixão.
E eu chorei então
Pela primeira vez.

E a pobre minha Mãe
daquilo estremeceu:
de uma moléstia forte
a minha mãe morreu.
Fiquei coberto de luto
e tudo se desfez.
E eu chorei então
pela segunda vez.

Então, o Deus da Glória,
o mais sublime artista,
decretou lá do Céu,
perdi a minha vista.

Fiquei na escuridão,
ceguei com rapidez.
E eu chorei então
Pela terceira vez.

Meus prantos se enxugaram.
Das lágrimas que corriam
chegou-me a poesia.
E eu me consolei.
Sem pai, sem Mãe, sem Vista,
meus olhos se apagaram;
tristonhos se fecharam
e eu nunca mais chorei".

CAPÍTULO III

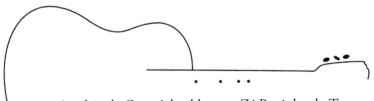

A peleja de Cego Aderaldo com Zé Pretinho do Tucum

FICHA TÉCNICA DA PELEJA

Título Peleja do Cego Aderaldo com Zé Pretinho do Tucum.
Autor Firmino Teixeira do Amaral.

Classificação a) Quanto ao gênero:
- **Folheto de peleja**, na classificação popular de Liêdo Maranhão de Souza.
- Insere-se no item das **Cantorias e pelejas**, da classificação do Prof. Manuel Diegues Júnior.

b) Quanto ao número de páginas:
- **Folheto** (dezesseis páginas).

Editor Filhas de José Bernardo da Silva (Editor Proprietário).
Local Juazeiro do Norte, CE.
Data 20.05.1982.
Estrofes 53 sextilhas e 10 décimas
(décimas de versos curtos ou parcelas de cinco).
Esquemas de rimas x a x a x a nas sextilhas.
a b b a a c c d d c nas décimas.
Final Sextilha normal.

Este texto é de Firmino Teixeira do Amaral, amigo do Cego. Todavia, penso ser mais da autoria de Cego Aderaldo do que qualquer outro texto. Peleja afamada, se o próprio Firmino delegou sua autoria ao Cego, sabia o que estava fazendo. Provavelmente via nele, já naquela época, toda a força mitológica que viria aureolá-lo.

Firmino Teixeira do Amaral era piauiense. Nasceu, em 1886, num lugar chamado Bezerro Morto, pertencente à Amarração, hoje denominado de Luís Correia. Morou muito tempo em Belém-PA, onde trabalhava na Editora Guajarina, lá editava seus folhetos. Faleceu, em 1926, na cidade de Parnaíba-PI.

A *Peleja de Aderaldo com Zé Pretinho* foi escrita em 1916 (fala-se também em 1914), em Belém. O cordel foi dado a Cego Aderaldo, que se encontrava no Pará, fugindo da seca, ainda não famoso, e em dificuldades financeiras.

Dizem que Zé Pretinho do Tucum foi também uma pessoa de fato. Natural de Angical, PI. Viveu no século XIX e faleceu por volta de 1910.

Apreciem meus leitores
Uma forte discussão
Que tive com Zé Pretinho,
Um cantador do sertão,
O qual no tanger do verso
Vencia qualquer questão.

Um dia determinei,
Ao sair do Quixadá,
Uma das belas cidades
Do estado do Ceará,
Fui até o Piauí
Ver os cantadores de lá.

25

Hospedei-me em Pimenteira,
Depois em Alagoinha,
Cantei em Campo Maior,
No Angico e na Baixinha;
De lá tive um convite
Para cantar na Varzinha.

Quando cheguei na Varzinha,
Foi de manhã, bem cedinho,
Então o dono da casa
Me perguntou sem carinho:
– Cego, você não tem medo
Da fama do Zé Pretinho?

Eu lhe disse: – Não senhor.
Mas da verdade eu não zombo,
Mande chamar este preto,
Que eu quero dar-lhe um tombo.
Ele vindo, um de nós dois,
Hoje há de arder o lombo.

O dono da casa disse:
– Zé Preto, pelo comum,
Dá em dez ou vinte cegos
Quanto mais sendo só um.
Mandou lá no Tucumeiro
Chamar José do Tucum.

Chamou um dos filhos e disse:
– Meu filhinho você vá
E diga a José Pretinho
Que desculpe eu não ir lá
E ele, como sem falta,
De noite venha por cá.

Em casa do tal Pretinho
Foi chegando o portador.
Foi dizendo: – Lá em casa
Tem um cego cantador,
E meu pai manda dizer
Que vá tirar-lhe o calor.

Zé Pretinho respondeu:
– Bom amigo é quem avisa.
Menino diga ao tal cego
Que vá tirando a camisa,
E mande benzer o lombo
Que eu vou lhe dar uma pisa!

Todos zombavam de mim,
Eu ainda não sabia
Que o tal José Pretinho
Vinha para a cantoria.
Às cinco horas da tarde
Chegou com cavalaria.

O Preto vinha na frente
Todo trajado de branco,
Seu cavalo encapotado
Tinha um passo muito franco,
Riscaram de uma só vez
Todos no primeiro arranco.

Saudaram o dono da casa,
Todos com muita alegria.
O velho dono da casa
Folgava alegre e sorria.
Vou dar o nome do povo
Que veio pra cantoria.

Vieram: o capitão Duda,
Tonheiro e Pedro Galvão;
Augusto, Antônio Ferreira,
Francisco Manuel Simão,
Sr. José Carpinteiro,
Francisco e Pedro Aragão;

O José da Cabaceira
E seu Manuel Casado;
Chico, Lopes, Pedro Rosa
E Manuel Bronzeado;
Antônio Lopes de Aquino
E um tal de Pé Furado;

José Antônio de Andrade,
Samuel e Jeremias;
Sr. Manuel Tomás,
Manduca, João de Ananias,
E veio um vigário velho,
Cura de três freguesias.

Foi dona Meridiana,
Do Grêmio das professoras
Esta levou duas filhas
Bonitas e encantadoras;
Essas eram da igreja
As mais exímias cantoras.

Foi também Pedro Martins,
Alfredo e José Raimundo;
Sr. Francisco Palmeira,
João Sampaio Segundo
E um grupo de rapazes
Do batalhão vagabundo.

Levaram o negro pra sala
E depois para a cozinha
Lhe ofereceram um jantar
De doce, queijo e galinha
Para mim veio um café
Com uma magra bolachinha.

Depois trouxeram o negro
E colocaram no salão,
Assentado num sofá,
Com a viola na mão,
Junto a uma escarradeira
Para não cuspir no chão.

Ele tirou a viola
De um saco novo de chita
E cuja viola estava
Toda enfeitada de fita.
Ouvi as moças dizendo:
– Grande viola bonita!

Então, para me sentar
Botaram um pobre caixão
Já velho, desmantelado,
Desses que vem com sabão;
Eu sentei, ele envergou
E me deu um beliscão...

Eu tirei a rabequinha
Dum pobre saco de meia,
Um pouco desconfiado,
Por estar na terra alheia.
Ouvi as moças dizendo:
Meus Deus, que rabeca feia!

Uma disse a Zé Pretinho:
– A roupa do cego é suja;
Botem três guardas na porta
Para que ele não fuja.
Cego feio, assim de óculos,
Só parece coruja.

Disse o capitão Duda:
– Como homem mui sensato,
Vamos fazer uma bolsa,
Botar dinheiro no prato,
Que é mesmo que botar
Manteiga em venta de gato.

Disse mais: – Eu quero ver
Pretinho espalhar os pés.
E para os dois cantadores
Tirei setenta mil-réis,
Mas vou interar oitenta;
Da minha parte dou dez.

Me disse o capitão Duda:
– Cego, você não estranha
Este dinheiro do prato.
Eu vou lhe dizer quem ganha:
pertence ao vencedor,
Nada leva quem apanha.

Nisto as moças disseram:
– Já tem oitenta mil-réis
Porque o capitão Duda
Da parte dele deu dez.
Se encostaram a Zé Pretinho
E botaram mais três anéis.

*Então disse Zé Pretinho:
– De perder não tenho medo.
Esse cego apanha logo,
Falo sem pedir segredo.
Tendo isso como certo,
Botou os anéis no dedo.*

*Afinamos os instrumentos,
Entramos em discussão.
O meu guia disse a mim:
– O negro parece o cão.
Tenha cuidado com ele
Quando entrarem em questão.*

*Eu lhe disse: – Seu José,
Sei que o senhor tem ciência.
Parece que é dotado
Da Divina Providência.
Vamos saudar o povo
Com a justa excelência.*

*P – Saí daí cego amarelo,
Cor de couro de toucinho.
Um cego da tua forma
Chama-se abusa-vizinho.
Aonde eu botar os pés
Cego não bota o focinho.*

*C – Já se vê que seu Pretinho
É um homem de ação.
Como se maltrata outro
Sem haver alteração?
Eu pensava que o senhor
Possuísse educação.*

P – Esse cego bruto, hoje,
Apanha que fica roxo.
Cara de pão de cruzado,
Testa de carneiro mocho!
Cego, tu és um bichinho
Que quando come vira o coxo!

C – Seu José, o seu cantar
Merece ricos fulgores,
Merece ganhar na sala
Rosas e trovas de amores.
Mais tarde as moças lhe dão
Bonitas palmas de flores.

P – Cego, eu creio que tu és
Da raça do sapo sunga.
Cego não adora a Deus,
O Deus do cego é calunga.
Aonde os homens conversam,
O cego chega e resmunga.

C – Zé Preto, não me aborreça
Com o teu cantar ruim.
O homem que canta bem
Não trabalha em versos assim,
Tirando as falhas que tem,
Botando em cima de mim.

P – Cala-te, cego ruim!
Cego aqui não faz figura.
Cego quando abre a boca
É uma mentira pura.
O cego quanto mais mente
Inda mais sustenta a jura.

*C – Este negro foi escravo
Por isso é tão positivo.
Quer ser na sala de branco
Exagerado e ativo.
Negro da canela seca
Todo ele foi cativo.*

*P – Dou-te uma surra
De cipó de urtiga,
Te furo a barriga,
Mais tarde tu urra.
Hoje o cego esturra,
Pedindo socorro.
Sai dizendo: – Eu morro,
Meu Deus que fadiga,
Por uma intriga,
Eu de medo corro!*

*C – Se eu der um tapa
Num negro de fama,
Ele come lama
Dizendo que é papa;
Eu rompo-lhe o mapa,
Lhe rasgo a espora,
O negro hoje chora
Com febre e com íngua!
Eu deixo-lhe a língua
Com um palmo de fora.*

*P – No sertão eu peguei
Um cego malcriado,
Danei-lhe o machado,
Caiu, eu sangrei!
O couro eu tirei
Em regra de escala,*

Espichei numa sala,
Puxei para um beco
E depois dele seco
Fiz mais de uma mala.

C – Negro és um monturo,
Molambo rasgado,
Cachimbo apagado,
Recanto de muro.
Negro sem futuro,
Perna de tição,
Boca de porão,
Beiço de gamela,
Venta de moela,
Moleque ladrão.

P – Vejo a coisa ruim,
O cego está danado.
Cante moderado,
Que não quero assim.
Olhe para mim,
Que sou verdadeiro,
Sou bom companheiro,
Cante sem maldade.
Eu quero a metade,
Cego, do dinheiro.

C – Nem que o negro saque
A engolideira,
Peça a noite inteira
Que eu não lhe abreque,
Mas este moleque
Hoje dá pinote
Boca de bispote,

Cego Aderaldo

Venta de boeiro,
Tu queres dinheiro,
Eu dou-te chicote!

P – Cante mais moderno,
Perfeito e bonito,
Como tenho escrito
Cá no meu caderno.
Sou seu subalterno
Embora estranho,
Creio que apanho
E não dou um caldo,
Lhe peço Aderaldo
Reparta o ganho.

C – Negro é raiz
Que apodreceu,
Casco de judeu,
Moleque infeliz.
Vai pra teu país
Senão eu te surro,
Dou-te até de murro,
Te tiro o regalo,
Cara de cavalo,
Cabeça de burro!

P – Fale de outro jeito,
Com melhor agrado!
Seja delicado,
Ganhe mais perfeito.
Olhe, eu não aceito
Tanto desespero,
Cante mais maneiro,
Com versos capaz.
Façamos a paz
E reparta o dinheiro.

C – *Negro careteiro,*
Eu rasgo-te a giba,
Cara de guariba,
Pajé feiticeiro.
Queres dinheiro,
Barriga de angu,
Barba de quandu,
Camisa de saia,
Te deixo na praia.
Escovando urubu.

P – *Eu vou mudar de toada*
Para uma que meta medo.
Nunca encontrei cantor
Que desmanchasse esse enredo:
É um dedo, é um dado, é um dia,
É um dia, é um dado, é um dedo.

C – *Zé Preto, esse teu enredo*
Te serve de zombaria.
Tu hoje cegas de raiva,
O diabo será teu guia.
É um dia, é um dado, é um dedo,
É um dedo, é um dado, é um dia.

P – *Cego, respondeste bem,*
Como que tivesse estudado.
Eu, também de minha parte,
Canto verso aprumado:
É um dado, é um dedo, é um dia,
É um dia, é um dedo, é um dado.

C – *Vamos lá, José Pretinho,*
Que eu perdi o medo.
Sou bravo como leão,

Sou forte como penedo.
É um dedo, é um dado, é um dia,
É um dia, é um dado, é um dedo.

P – Cego, agora puxa uma
Das tuas belas toadas,
Para ver se essas moças
Dão algumas gargalhadas.
Quase todo povo ri,
Só as moças estão caladas.

C – Amigo José Pretinho,
Não sei que hei de cantar.
Só sei que depois da luta
O senhor vencido está.
Quem a paca cara compra,
Cara a paca pagará.

P – Eu estou me vendo apertado
Que só um pinto no ovo,
E o cego velho danado
Satisfazendo este povo;
Cego, se não for massada,
Repita a paca de novo!

C – Digo uma vez, digo dez,
No cantar não tenho pompa.
Presentemente não acho
Quem hoje o meu mapa rompa.
Paca cara pagará,
Quem a paca cara compra.

P – Cego o teu peito é de aço,
Foi bom ferreiro que fez.
Pensei que o cego não tinha

No verso tanta rapidez.
Cego, se não for massada,
Repita a paca outra vez!

C – Arre com tanta massada,
Deste preto capivara:
Não há quem cuspa pra cima
Que não caia na cara.
Quem a paca cara compra
Pagará a paca cara.

P – Demore, cego Aderaldo,
Cantarei a paca já:
Tema assim só um borrego
No bico do "carcará"...
Quem a caca... ai, num é caca...
Ai, é caca mesmo... não... é...
Diabo! É: quem a caca caca compra,
Caca... caca... ca... ca... rá...

Houve um trovão de risada
Pelo verso do Pretinho.
O capitão Duda disse:
– Arreda pra lá, negrinho,
Vai descansar teu juízo,
Que o cego canta sozinho.

Ficou vaiado o Pretinho,
Aí eu lhe disse: – Me ouça,
José, quem canta comigo
Pega devagar na louça.
Agora o amigo entregue
O anel de cada moça.

Desculpe, José Pretinho,
Se não cantei a seu gosto.
Negro não tem pé, tem gancho,

Tem cara mas não tem rosto.
Negro na sala de branco
Só serve pra dar desgosto.

Quando eu fiz este verso
Com a minha rabequinha,
Procurei o negro na sala,
Já estava na cozinha.
De volta queria entrar
Na porta da camarinha.

Na transcrição da peleja, no livro *Eu sou o Cego Aderaldo*, memórias narradas pelo Cego ao escritor e jornalista Eduardo Campos[8], publicado em 1963, pela Imprensa Universitária da Universidade Federal do Ceará – UFC, e reeditado em 1994, pela Editora Maltese, Aderaldo incluiu quatro estrofes finais que não constam na original. A primeira, das quatro, pertence ao cordel *O casamento do sapo*, de Leandro Gomes de Barros. As outras têm o propósito de se desculpar aos negros pelos versos ofensivos à cor do Pretinho, atribuídos ao Cego:

Festa de sapo em berreiro,
Bicho de ruma em vasculho,
Herança de filho pobre,
Milho em lugar de gorgulho,
É como samba de negro
Não se finda sem barulho.

Tem muito negro de bem,
Tem muito negro educado,
Tem muito preto decente,
Sabido e civilizado;
São Benedito era preto
Porém foi santificado.

São pretos somente a pele,
Mas o espírito é bondoso.
Corretos e muito decentes,

De coração amoroso;
Pimenta do reino é preta
Mas faz um comer gostoso.

Agora, peço desculpa,
Que vou seguir meu caminho.
Deixando a terra alheia
Por outro estado vizinho.
O negro que eu falei
Foi somente Zé Pretinho.

A título de ilustração, falo da viagem que Aderaldo e seu filho adotivo, Mário Aderaldo de Brito, fizeram ao estado do Rio de Janeiro a convite do então deputado Tenório Cavalcanti, o famoso "homem da capa preta". Foram aconselhados a não aceitarem o convite, pois Tenório era conhecido por sua truculência. O Cego falou:

– O que um homem valente, como o Dr. Tenório, pode fazer a um pobre cego e seu guia?

Foram. Chegando ao Rio de Janeiro, seguem para Caxias, cidade onde o deputado morava. Já em sua mansão, Tenório falou:

– Aderaldo, mandei chamar você aqui por conhecer sua fama e porque foi você quem me ensinou a ler.
– Mas eu não sei ler nem pra mim, como posso ter alfabetizado o senhor?
– O folheto de sua peleja com o Zé Pretinho me fez aprender a ler. Eu via em Palmeira dos Índios, Alagoas, as pessoas lendo. Achava sensacional e dei um jeito de conseguir com que eu mesmo me deliciasse com seus desafios. Daí, aprendi a ler.

Dez milhões de exemplares do folheto da peleja foram produzidos em todo o mundo desde sua primeira edição até 2008. Com traduções para espanhol, francês e inglês.

CAPÍTULO IV

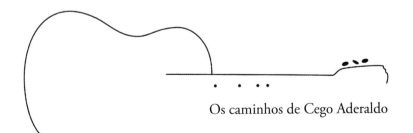

Os caminhos de Cego Aderaldo

Seus pés conheceram o pó de muitas estradas. Quando jovem, galgou serras e chapadões; varou caatingas e vadeou brejos. Por todos os caminhos levava seu cantar. Cantou em Baturité, em Canindé, no Crato, em regiões do Cariri. No início, cantava somente uma, duas horas. Depois foi ficando ousado, garboso, e virou cantador de três noites. Deixou o sertão e partiu para Fortaleza. Começou cantando nas pontas de rua, mas depois cantou para governantes e potentados. O ano era 1906, nessa época, ainda não havia estudiosos da cultura popular. E os cantadores eram pouco valorizados na cidade grande.

    Teve que voltar pro sertão: de Ubajara a Viçosa, sempre cantando. E, finalmente, Pedro II. Lá, chega cansado. Ganhara oito mil-réis, entretanto, andara em demasia e os seus pés estavam em estado deplorável. À sombra de um alpendre de uma casa de fazenda, seu guia extraiu-lhe mais de cinquenta espinhos de cada pé.

    Saudades de sua terra, Quixadá. Aderaldo percebe que é hora de voltar. Corria o ano de 1914. Ano de boas chuvas e de muitas guerras. O sertão em brasa. A Guerra do Juazeiro. A Guerra no estrangeiro. Tudo piora para Cego Aderaldo. Vem o ano de 1915, o da famosa "Seca do Quinze", tão bem retratada pela então iniciante Rachel de Queiroz, no seu primeiro romance *O quinze*.

    Aderaldo agradece aos céus por ser cego. A miséria foi devastadora. Muitas mortes, o sertão era agora um purgatório. Pai vendendo filha, criança morrendo de fome em plena caatinga e servindo de pasto aos urubus.

    Cego Aderaldo não suporta tanto flagelo e toma a decisão, já que muitos estavam imigrando para lá, de ir também para o estado do Pará[9]. No navio, Aderaldo canta:

"Canto para distrair
Este meu curto poema:
Vou fugindo da miséria

Que é este o penoso tema,
Desta terra de Alencar,
Deste berço de Iracema.

Fugi com medo da seca,
Do pesadelo voraz
Que alarmou todo o sertão
Da cidade aos arraiais".

CAPÍTULO V

O encontro com Padre Cícero e Lampião

Cego Aderaldo volta, de Belém, para o Ceará em 1919. Aqui encontra o estado em festa, o sertão verdejante. Chovia. Aderaldo ouvia o sertanejo falar da beleza da natureza, da fartura da roça, com alegria e arrependimento por ter fugido de sua terra. Jurou, secretamente:

– Não abandono mais o meu Ceará, que venha a seca maior do mundo. Meu lugar é aqui.

Fixou-se em Quixadá, só saindo de lá em 1923, para fazer uma cantoria em Serra Verde na fazenda do Sr. Francisco Botelho, que era amigo pessoal de padre Cícero. Aderaldo sempre nutriu o sonho de conhecer o padre que, para ele, era mais que um condutor de almas, era um guia espiritual, o fundador de Juazeiro. De posse de uma carta de apresentação do Sr. Botelho, foi para Juazeiro. Nessa época, já era cantador famoso. A notícia da chegada dele correu logo. E muitos vinham falar com ele. Mas o que Aderaldo queria mesmo era se encontrar com o padre Cícero, estava ansioso. Falou para seu guia, nessa época, um rapaz de certa educação:

– Não sei o que será de mim se padre Cícero não me receber.
– Recebe, seu Aderaldo, quem não quer falar com o senhor?
– Será muito merecimento para mim.
– Deus é grande!

Padre Cícero, que só andava seguido por uma multidão, parou em frente da casa onde Aderaldo estava hospedado, fez sinal para a multidão ficar do lado de fora, e entrou. Encontrou Cego Aderaldo nervoso, mas muito altaneiro:
– Então você é o famoso Cego Aderaldo?
– Quem sou eu, reverendo?
– Famoso e grande cantador! Será que o senhor poderia me mostrar o seu talento?

O cego então entoou:

"À ordem do meu padrinho,
vou colher algumas flores.
Fazer minhas poesias
cheias de grandes louvores.
Saudando, primeiramente,
a Santa Virgem das Dores.
O Nome do Santo padre
anda pelo mundo inteiro.
A cidade está crescendo
com este povo romeiro.
Devido às grandes virtudes
do Santo de Juazeiro.

Nossa Senhora das Dores
é que nos dá proteção.
Ordena ao nosso bom padre
e ele cumpre a Missão.
Ensinando a todo mundo
o ponto da salvação.

Deixo aqui no Juazeiro,
todos os sentidos meus.
Juntamente ao meu Padrinho,
que me limpou com os seus.
Vou correr por este mundo,
levando a benção de Deus".

Como Aderaldo andava pelo sertão inteiro propagando suas cantorias, comumente o alertavam sobre Lampião:

– Cego, tome cuidado com Lampião.
– Se topar comigo, canto pra ele.

Em verdade, Cego Aderaldo queria mesmo conhecer o famoso cangaceiro. A oportunidade veio quando o cantador estava em Juazeiro, uma das cidades de sua predileção. Seu amigo, Dr. Floro

Bartolomeu[10], acompanhado de padre Cícero, fez uma surpresa ao cego:

– Aderaldo, eu e padre Cícero, temos uma surpresa pra você.
– Que surpresa, gente? Será que eu ainda tenho merecimento?
– Tem e muito! – disse o Dr. Floro.
– Que surpresa é essa? Digam logo...
– Sou eu, cantador! Mandei lhe chamar, e quero lhe ouvir cantar. – falou Lampião.

Aderaldo então cantou:

(...)

"Lampião então me disse:
Eu só mandei lhe chamar,
foi para lhe conhecer
e ouvir você cantar.
Tudo que souber de mim,
você pode improvisar.

Meu padrinho padre Cícero
gosta muito de você.
Por isso eu gosto também.
Não tem quem vá lhe ofender.
Cante logo um bocadinho,
tenho muito o que fazer.

Eu disse: existem três coisas
que se admira no sertão.
É o cantor Aderaldo.
É a coragem de Lampião.
E as coisas prodigiosas
do padre Cícero Romão.

(...)

Lampião disse: Aderaldo
estou muito agradecido,
dos elogios que fizestes.
Me deixaram comovido.

E eu lhe disse: Capitão,
vou lhe fazer um pedido.

Lampião sorriu e disse:
Então me diga o que é.
– Capitão, o que lhe peço,
é uma arma qualquer,
para eu ter como memória.
Se acaso o senhor puder.

Aderaldo, o seu pedido,
para mim foi muito belo.
Se você não fosse cego,
Lhe dava um papo-amarelo.
Tome essa pistola velha,
que matou Antônio Castelo.

Ainda hoje eu tenho
este objeto guardado.
Nunca emprestei a ninguém.
Dinheiro eu tenho enjeitado.
Até quinhentos mil-réis,
por ela alguém tem botado.

Desde que recebi ela,
Nunca ela mais atirou.
Nunca mais possuiu bala,
nem vida alheia tirou.
Vive dentro de uma mala,
e com o tempo enferrujou".

O encontro com Lampião foi cantado e publicado em folheto de cordel pelo próprio Cego Aderaldo.

O bancário e historiador João Eudes Costa, bom amigo de Aderaldo, suscitou polêmica ao afirmar que o encontro com Lampião não ocorreu de fato. Tudo não teria passado de uma criação poética do Cego.

CAPÍTULO VI

O encontro com Padre Antônio Vieira

Foi no lançamento, promovido em Quixadá pela "Associação Atlética do Banco do Brasil" (A.A.B.B), do afamado livro *O jumento, nosso irmão*, de Padre Antônio Vieira, que se deu o encontro entre os dois.

O salão de festas da prefeitura do município estava devidamente preparado para o lançamento do livro. Noite de festa em Quixadá, o povo se misturava aos políticos e a elite social do município. Quando é anunciada a chegada de Cego Aderaldo, chegada esta que não estava na programação da festa, o cantador é saudado com muitas palmas e assobios.

Transcrevo as emoções que se apossaram de Padre Antônio Vieira e que ele mesmo expressou em crônica publicada na coluna, "Canto do vigário", no jornal *O Povo*, em 29 de janeiro de 1965: "Quando foi anunciada a chegada do Cego Aderaldo, que vinha compartilhar das manifestações de carinho a mim dispensadas. Sua vinda não estava programada, mas aquela surpresa fez levantar a assistência em aplausos, com tal frêmito de entusiasmo e alegria irradiante, como se o açude Orós tivesse se arrombado dentro de mim. Um vulcão de emoções, que não cabiam dentro de mim, e se apertavam pelo estuário da garganta, sufocando a minha voz. Eu não conhecia o Cego Aderaldo pessoalmente. Dele ouvira falar tantas vezes, desde o tempo de criança. Ele se havia tornado para mim uma figura legendária. Seu nome aparecia, na minha infância, de mistura com os nomes estrambóticos das mirabolantes histórias de Trancoso, que minha avó me contava, ou as heroicas personagens dos Pares de França, paladinos invencíveis de Carlos Magno".

Nessa noite, Aderaldo, em homenagem ao livro do Padre, improvisou uma cantoria fazendo uma analogia entre os escravos açoitados nos pelourinhos das grandes fazendas e o jumento do nordeste açoitado pelo proprietário nas lidas rurais. Finalizando que, o sacerdote escritor e jornalista famoso, clamava um 13 de maio para os jumentos. Foi uma noite encantatória para o Padre Antônio Vieira.

CAPÍTULO VII

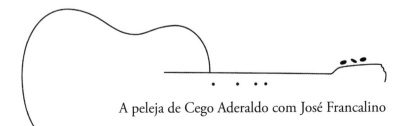

A peleja de Cego Aderaldo com José Francalino

A peleja é o desafio do cantador José Francalino tentando vingar a derrota de Zé Pretinho do Tucum para o Cego Aderaldo.

Luís da Câmara Cascudo escreveu sobre a peleja: "A luta do cego Aderaldo com José Franco, chamado também Francalino, travou-se na Fazenda "Tombador" e já faz parte do repertório dos cantadores. Aderaldo mandou-a imprimir. Os dois improvisadores bateram-se longamente em sextilhas, as colcheias ou seis-pés usuais, mas preferiram a "parcela de dez-linhas", ou "carritilha", para os melhores golpes".

O provável é que a peleja não tenha ocorrido de fato. Sendo uma criação do Cego Aderaldo.

Tinham mandado o recado,
Dizendo ao portador:
– Diga a José Francalino,
Que ele, como cantor,
Venha vingar hoje a surra
Que Zé Pretinho levou...

Ele perguntou: – Quem é?
Disseram: – É Aderaldo.
Ele disse: – Eu sei que o cego
Apanha e não dá um caldo;
Dou-lhe hoje quatorze surras
E quatro bolos de saldo...

Um chaleira disse a mim:
– Francalino canta bem.
Disse outro: – Cego, não corra,
Espere que o homem vem;
Outro disse: – O cego hoje
Canta tudo quanto tem...

Quando chegou Francalino,
Recebeu logo uma palma;
Eu lhe fiz um cumprimento,
Falando com muita calma,
Tive tanto do sobrosso
Que me ardeu dentro da alma!

De folhas de oiticica
Era o barracão bem feito;
José Francalino disse:
– Cantar aqui não aceito;
Homem que canta em barraca
Não pode cantar direito!

Com muito rogo o cantor
Aceitou sempre o assento.
Mandou que eu me sentasse
Do outro lado do vento;
Colocou o povo em roda
E nós ficamos no centro.

Ele afinou a viola
E começou o baião.
Eu afinei a rabeca,
Dei a mesma entoação;
Agitou-se o pessoal
Pra ouvir a discussão.

F – Senhoras, dê-me licença
Funcionar a garganta,
Mostrar ao cego Aderaldo
A minha palavra santa.
Meu eco treme a colina,
Parece que o bosque canta.

Cego Aderaldo

C – Dê-me licença, senhoras,
Ó riquíssima personagem,
Cantar com este cantor
Que vem com tanta vantagem,
Dizendo que sua voz
Para o vento é miragem.

F – Cego, cante com cuidado
Que eu sou cantor benquisto,
Você fazendo hoje um erro
Fica pelo povo visto.
E eu faço com você
Como Judas fez com Cristo.

C – Então o amigo quer ser
Rebelde conspirador?
Não faça escravo de quem
Inda pode ser senhor.
Porque você me vendendo
Vai minorar minha dor.

F – Eu não quero te vender,
Dei-te apenas explicação.
Tu como cego de tudo,
Já vens com má-criação;
Quem faz de cachorro gente
Fica como rabo na mão.

C – Senhor José Francalino,
Vós mudaste de sintonia.
Já me queimou com a língua
Como o fogo de Sodoma.
Dá-me ao menos teu retrato
Que guardo em minha redoma.

F – Eu não quero é chaleirismo,
Vim aqui formar divisa,
Saber hoje da certeza
Dos dois qual se simpatiza,
Do amigo Zé Pretinho
Eu vim hoje vingar a pisa.

C – Desculpe, que eu não sabia
Que tu eras cangaceiro
Do cantor José Pretinho,
O cantor piauizeiro;
Você hoje leva lembrança
Pra si e seu parceiro.

F – Então, cego, venha a mim
Que eu sou conspirador.
Saiba que eu tenho profissão
Na arte de cantador.
Nunca cursei academia,
Porém sou quase doutor.

C – Por tua frase eu conheço
Verbos puxados a cambito,
Pronomes que só se encontram
Na gramática do maldito,
Palavras ainda do tempo
Que besouro era mosquito.

F – Cego você não suporta
Que eu sou cantor da mata;
Dizem que sua rabeca
Tem todas cordas de prata;
Ela quebra e o dono apanha,
Tome nota, dia e data!

C – Francalino, você está
Com um olho preto outro roxo;
Fala em dar-me uma surra
Queira Deus não volte chocho;
Então comece o martelo,
Parta cedo que é coxo.

F – Cego sustenta a rabeca
E tome muito sentido.
Não perca roteiro e rima,
Trabalhe bem resumido
Que eu venho hoje preparado
Só quebrar-lhe o pé do ouvido.

C – Francalino, desinfeta,
Alma de lobo marinho,
Serpente que traiu Eva,
Coruja errante sem ninho,
Seca de setenta e sete[11],
Toco velho de caminho.

F – Cego, tu só tem cabeça
Porque fósforo também tem.
Barriga de vuco-vuco,
Teu nariz de vaivém,
Te casa com uma raposa
Pra ser raposa também.

C – És sapo canuaru,
Barriga de chipanzé,
Cara de todos os bichos,
Catimbó de Zé-Pajé,
Sobra de esmola de cego,
Currimboque sem rapé.

F – Tu és um cego sem jeito,
Um cinturão sem fivela;
Uma casa sem ter gente,
Uma porta sem tramela,
Um sapato sem ter dono,
Um anzol sem ter barbela!

C – Puxa fogo, cabeleiro!
Instinto de mal lusbel,
Febre negra de Alcobaça;
Dentes de leão cruel,
Judas que cuspiu em Cristo,
Entranhas de cascavel.

F – Puxa, puxa cego velho,
Tu sustenta a retentiva,
Apanha hoje, não tem jeito,
De chorar ninguém te priva.
Tu ronca no nó da peia,
Apanha até dizer viva.

C – Fora, José Francalino!
Porque tu não canta bem.
Olho de boto vermelho,
Boca de carro de trem,
Cabelo de urso africano,
Venta de chamar quem vem!

F – Fora, cego Aderaldo!
Que berra tanto e não para.
No peso de meia libra
Ele não dá uma tara;
Cego eu só vim de encomenda
Para rebentar-lhe a cara.

C – Vai-te, sarro de cachimbo!
Guarda-chuva de parteira,
Boca de comprar fiado,
Chinela de cozinheira;
Bode mocho, pé de pato,
Guardanapo de fateira.

F – Cego, vai-te pro inferno,
Que lá será teu desterro.
Língua de contar mentira,
Boca que só solta erro,
Tu hoje berra como vaca
Correndo atrás do bezerro.

C – Palhaço de pastorinha,
Trapo de forno de lixo.
Cama velha de hospital,
Lêndea de pulga-de-bicho,
Cangalha sem cabeçote,
Sela velha sem rabicho!

F – Cego, há tempo que estamos
Jogando de carta e sota.
Quando um bota outro tira,
Quando um tira outro bota.
Só ouço, o riso do povo
E ninguém falou na cota.

C – Não quero que fale em cota,
Bornal de preto aleijado,
Calunga de marmulengo,
Saco de guardar pecado,
Terra de cobrir defunto,
Cemitério de enforcado.

F – Cego, por hora deixemos,
Não nos convém pelejar.
Ninguém se sustenta em riso,
Riso não dá pra engordar,
Deixemos pra outra vez,
Quando nós se encontrar.

C – Desculpa de nuvem negra!
Cururu rouco de cheia,
Bagageiro de cigano,
Fedentina de cadeia;
Pescoço de jabuti,
Alpercata sem correia.

F – Você cante com mais jeito,
Deixe de ser malcriado!
Faça um serviço direito
Para ser apreciado.
Eu não pensei que você
Fosse tão mal-educado.

C – Francalino, você sabe
Que quem canta tem razão
De soltar para o amigo
Gracejo e má-criação.
Mesmo quem canta martelo
Não pode ter concessão.

F – Então, você continue
Com sua obra singela.
Já estou lhe achando a feição
Com a cor muito amarela.
Quero saber se tu cantas
Dez linhas feita em parcela.

C – *Francalino, pode vir*
Mas não perca uma só linha.
Homem que canta parcela
Tem horas que adivinha.
Não vá meter-se na sala,
Depois ficar na cozinha.

F – *Sou homem de alto-relevo,*
Não solto palavra à toa.
Em parcela e gabinete
A minha rima revoa
Vamos, pois, experimentar
Neste salão quem entoa.

C – *Siga, logo, Francalino,*
Com seu trabalho desejoso,
Repare o que vai fazendo,
Seja muito cuidadoso.
Veja se canta a parcela,
Não seja tão preguiçoso.

F – *Balanço e navio,*
Navio e balanço,
Água e remanso
Na margem do rio
Procura o desvio
O desvio procura
Carreira segura
Segura carreira
Molhando a barreira
Das águas escuras.

C – *A barca, o farol*
O farol da barca
Ilumina a arca

Os raios do sol
O mesmo arrebol
Faz a luz tão quente
A maré crescente
Na força da lua
A barca flutua
Nas águas pendentes.

F – Passa o automóvel
O automóvel passa
Só pela fumaça
Tudo se comove
Fica o povo imóvel
Fica imóvel o povo
O motor é novo
É novo o motor
Como não parou
Teve seu aprovo.

C – Flauta e flautim
Flautim e flauta
Muita gente alta
Toca bandolim
Brada o cavaquim
Saxe, bombardão
Trompa e violão
Violão e trompa
Grita os cabras: rompa
Entra o rabecão.

F – Vida boa esta
Na dança animada
Não nos falta nada
Todo mundo presta

*No vigor da festa
Não se vê tormento
Naquele momento
O mestre fez corveta
Engole a palheta
Do seu instrumento.*

*C – Briga e barulho
Barulho e briga
Por causa da intriga
Rola o grande embrulho
Fica no vasculho
O grito da guerra
Mesmo em qualquer terra
Havendo revolta
Desce grande escolta
De cima da serra.*

*F – Mudaremos o sentido
Para nós cantar
Vamos martelar
Que é mais conhecido
Esteja prevenido
Com a voz ativa
Faça retintiva
Hoje aqui na sala
Não tropece a fala
Minha língua é viva.*

*C – O homem guerreiro
Se quiser teimar
Comigo brigar
Seja cangaceiro
Fique bem veleiro
Na sua emboscada*

Venha a madrugada
Mesmo em minha terra
Que homem de guerra
Nunca teme a nada.

F – Vai minha parcela
Muito apreciada,
Não sendo cansada
Gosto muito dela.
Se torna mais bela
Assim desse jeito,
Sou cantor perfeito
Para qualquer sala,
Só com a escala
Tu estás satisfeito.

C – Vamos, Francalino,
Endireite a goela;
Você na parcela
Pra mim és menino.
Perdes o destino
Da tua morada,
Não sabes a estrada
Por onde chegou,
Meu chiquerador
É teu camarada.

F – Cego sem leitura,
Cante prevenido
Que no teu sentindo
Só mora loucura.
Quer fazer figura.
Hoje no salão,
Se és valentão
Pega no topete,
Lasco-te o bofete
Que tu beija o chão.

C – *Sai-te molambo,*
Caixeiro sem venda,
Ladrão de fazenda,
Com molambo e tudo,
Corto-te miúdo,
Te deixo em farelo,
Sujeito amarelo,
Caboclo sem sorte,
Hoje a tua morte
Foi cantar martelo.

F – *Hoje, à noite, brigo*
Porque me disponho.
Mostro o ar risonho
Para algum amigo,
Mas faço contigo
Um trabalho direito,
Dou-te um mal no peito
Que tu sais tossindo
E eu fico rindo
Muito satisfeito.

C – *Rogo-te uma praga,*
Porém não me pega
Porque Deus te entrega
Centenas de chagas.
Só assim tu pagas
O que tu me deve.
Para que te serve
Ser tão impossível?
De apanhar tu vive
E a lembrança leva.

F – *Você conheceu*
A minha chegada
Nesta pátria amada
Que você nasceu?

O que sucedeu
Foi eu vir sozinho;
Como sou mansinho
Vim formar divisa;
Você paga a pisa
Que deu no pretinho.

C – Atrás de vingança
Se você chegou,
Meu chiquerador
Dá-lhe uma esperança!
Não quero ganância,
Que esta terra é minha.
Tu não adivinhas
O meu ameaço,
Vou dar-te um abraço
Na ponta da linha.

F – Deixemos agora este cântico
Como uma nuvem que embaça.
Reconheço que a festa
Está com os festins na praça,
Eu ganhando ainda canto,
Não convém cantar de graça.

C – É verdade, Francalino,
O cantor bom vem de raça.
A tua cantiga é
Saborosa do céu massa.
Eu também paro a rabeca
Não convém cantar de graça.

F – Cego, se aparecer
Um homem que a bolsa faça,
Pois aqui tem gente boa,

Da riqueza a grande massa,
Mas, para não ganhar nada,
Não convém cantar de graça.

F – Já vi que o povo queria
Ver nós dois numa desgraça,
Porque estamos comprando
Barulho e intriga por braça.
Dá-me a mão, somos amigos,
Não convém cantar de graça.

C – Uma língua faladeira
Queima, papoca que assa!
Diga a José Pretinho
Que outra intriga não faça
Que nós dois conciliamos,
Não convém cantar de graça.

F – Cego Aderaldo, eu ainda
Voltarei a este lugar.
Tenho livros importantes
E neles eu vou estudar.
A surra de Zé Pretinho
Pretendo ainda vingar.

C – Pode vir quando quiser,
Estarei sempre esperando.
Estudo o Mártir do Gólgota
Que este livro é aprovado.
Não me traga mitologia,
Que nela sou atrasado.

C – Sou um cantor cearense
Cego, sem rumo, sem tino,
Só conheço o abandono,

Sou pobre desde menino.
Ceguei com 18 anos,
Não canto de pequenino.

C – Jesus me deu esse abrigo,
Este cantar sem ciência.
Canto por necessidade,
Não é por ter eloquência.
Quem roubar-me este direito
É ladrão de consciência.

CAPÍTULO VIII

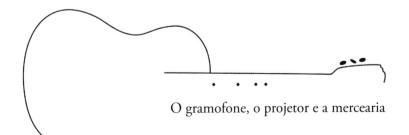

O gramofone, o projetor e a mercearia

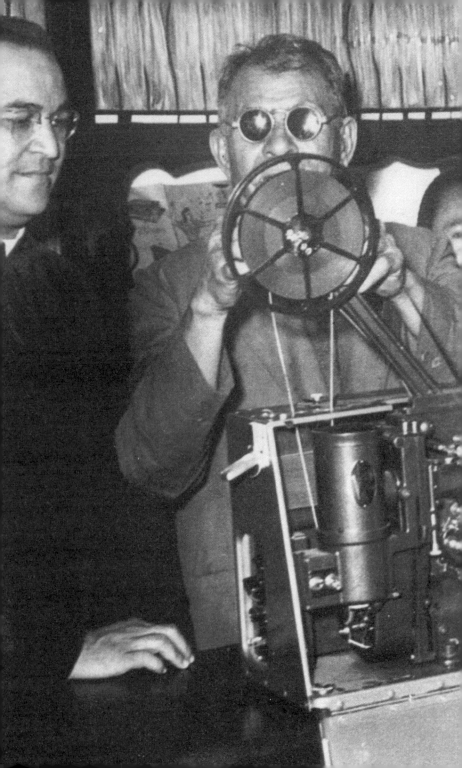

Em 1931, Cego Aderaldo, cansado de viajar pelo sertão, sempre cantando – todo o povo, sem exagero, queria ouvi-lo – resolve comprar o que, então, era a grande novidade em Fortaleza: um gramofone. Aplicou o que tinha, cem mil-réis, e adquiriu o gramofone, discos e agulhas. Voltou a viajar pelo sertão, desta vez com a geringonça a tiracolo:

– Chega! Aí vem o Cego Aderaldo com um bicho esquisito!

O bicho esquisito era o gramofone. Aderaldo explicava:

– Meus amigos, trago aqui a última novidade da cidade. É uma máquina assombrosa. Toca tudo que se desejar ouvir.

E botava os discos pra tocar. Choviam perguntas:

– Tem gente dentro desse bicho?
– Como é que ele canta?
– O que é que tem dentro dele que canta? Será visagem?

Cobrava cem réis por disco tocado. Os discos, de tanto tocarem, estragavam-se rápido. Cego Aderaldo ganhou muito dinheiro com o gramofone. No final da "apresentação", sempre insistiam para o cego cantar. E ele tinha que cantar, nem que fossem alguns versos.

Em 1933, com um bom dinheiro propiciado pelo gramofone, o cantador põe em prática mais uma de suas ideias. Compra uma máquina exibidora de filme, "Pathé Baby", e dois burros. Consegue algumas fitas variadas e se embrenha novamente no sertão. Dessa vez, como exibidor de filmes. Só aceitando cantorias bem pagas e pelejas com cantadores de categoria.

Seu cinema itinerante ficou logo famoso. Suas fitas eram antigas, muitas estavam deterioradas, e tratavam da chegada do rei

Alberto, da Bélgica, ao Brasil, e de fatos pitorescos da vida de Napoleão Bonaparte.

O filme era projetado num lençol branco amarrado na janela da casa, e Aderaldo que contava as voltas da manivela da máquina exibidora de filmes, sabendo assim o que se desenrolava a cada momento na fita, ia descrevendo as cenas. Os sertanejos falavam:

– E dizer que é um cego!
– Parece que o homem vê!
– Sabe tudo! Não erra nada!

O filme mais completo que Aderaldo possuía era a *Paixão de Cristo*, que suscitava muito choro quando era projetado. Cego Aderaldo andou quase todo o sertão do Ceará a exibir filmes.

Depois do gramofone e do cinema, Cego Aderaldo percebeu que seu negócio era mesmo cantar. Guardou o gramofone e o projetor e se atirou outra vez às cantorias. Dessa vez, mais determinado ainda, percorre o estado inteiro, cantando em mil terreiros, terçando voz, cordas e versos com os melhores cantadores do Nordeste. Quando chega a Fortaleza, em 1942, vinha cheio de fama e dinheiro.

Resolve então descansar e pôr em prática mais uma de suas ideias. Em entrevista ao repórter Pery Augusto, de um diário local, manifesta seu interesse em encontrar-se com o interventor federal, Dr. Menezes Pimentel, a fim de lhe falar sobre o desejo de abrir uma mercearia bem sortida. Com a publicação da entrevista, Menezes Pimentel manda chamá-lo e o encaminha ao secretário da Fazenda, Dr. José Martins Rodrigues. Este, por sua vez, o encaminha ao Dr. Raimundo Alencar Araripe, prefeito de Fortaleza, que o aconselha a procurar a Alfândega e falar com Dr. Luiz Sucupira.

Depois de enfrentar toda a burocracia, obtém a licença para a mercearia e se estabelece na rua da Bomba, nº 2. Com a ajuda dos amigos, surte bem seu comércio. Havia no estabelecimento até um radinho, ligado o dia inteiro, para que os fregueses curtissem os sucessos da época. Tudo ia bem, até o Cego começar a vender fiado.

Havia fregueses que o elogiavam por mais de uma hora, ressaltando a qualidade de suas cantorias, para, no final, pedir fiado.

Aderaldo não levava mesmo jeito para o comércio. Não quebrou mais rápido porque, aos sábados, ainda aceitava convites para cantorias e desafios. Não fosse isso, estaria numa situação delicada. Todos queriam tirar proveito da mercearia de Aderaldo. Houve até um caso de um sujeito que, depois de comprar uma garrafa de aguardente, mostrando-se arrependido, devolveu a garrafa e recebeu o dinheiro. Mas quando o Cego cheirou o que havia na garrafa, não passava de água.

O cantador viu ali o castigo que era querer mudar o seu destino. Fechou a mercearia. O prejuízo havia sido grande, mas nem se importou, voltou a cantar:

"Voltei de novo a cantar,
porque esta é a minha sorte.
Minhas cantigas me dão
roupa, comida e transporte.
Deixarei este dever,
quando um dia receber
o beijo fatal da Morte!".

Ademar de Barros, então governador de São Paulo, deu de presente ao cantador um projetor cinematográfico de 16mm. Com o presente, o Cego inicia uma nova fase "cinematográfica" que não dura muito, pois, com pouco tempo de uso o projetor pega fogo[12].

CAPÍTULO IX

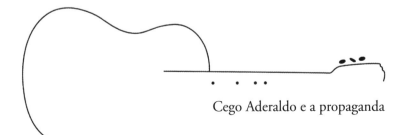

Cego Aderaldo e a propaganda

Numa estadia mais longa no Rio de Janeiro, Cego Aderaldo foi convidado a conhecer o Laboratório Oliveira Júnior que fabricava remédios e produtos de higiene pessoal. O cantador fez uma visita demorada à sede da empresa que ficava no bairro de Botafogo. Ele foi contratado para fazer versos sobre os produtos do Laboratório. Os versos foram publicados em Cordel que também estampava anúncios dos produtos e foi distribuído gratuitamente como peça promocional.

Sobre o remédio, licor depurativo do sangue, Tayuyá:

Entrei aqui nesta casa,
Vim visitar este prédio,
O rapaz então falou,
Apontou com o dedo médio,
Ali é o laboratório,
Do Tayuyá, o remédio.

Cheguei, tomei Tayuyá,
Fiquei como uma cigarra,
O peito alegre e contente,
E hoje estou nesta farra,
Porque limpei o meu sangue,
Com Tayuyá de S. João da Barra.

Aqui no Rio de Janeiro,
Onde estou instalado,
Agora não vivo doente,
Pois estou fortificado,
Depois que fiquei com o sangue,
Puro, limpo, depurado!

Aqui eu ganhei saúde,
Aqui não sinto mais nada,
Aqui limpei meu sangue,
Sinto a vida renovada!
Já vi que este Tayuyá,
É coisa santificada!

Tayuyá de São João da Barra
Eu já li numa revista,
Dá cabo do reumatismo,
Enquanto se pisca a vista
Estou lhe falando a verdade,
Não há mal que lhe resista.

Aqui no Rio de Janeiro,
Vê-se o povo em multidão,
Comprar o bom Tayuyá,
Que é de muita precisão,
Tanto pro povo do Rio,
Como pro povo do sertão.

Amigos e conterrâneos,
Peço que ninguém se zangue,
Tomem todos o Tayuyá,
Os que se sentem exangue,
Pois é remédio excelente,
Para depurar o sangue.

(...)

Vejam que este remédio,
Todos devem tomar,
É bom para o reumatismo,
Como pro sangue limpar.
Úlcera ou ferida antiga,
Ele logo faz fechar.

(...)

Tayuyá de São João da Barra,
É produto de valor,
Todo aquele que o toma,
Tem mais força e vigor.
Fica com o sangue limpo,
Por mais sujo que ele for.

Uma limpeza no sangue,
É o melhor que a gente faz,
O moço vira valente,
O velho vira rapaz,
Todo o mundo abençoa,
O bem que o Tayuyá traz.

Pai Raimundo jangadeiro,
É pescador afamado,
No nordeste todo inteiro,
Tem o sangue depurado.
E de janeiro a janeiro,
Nunca fica adoentado.

(...)

Há riqueza na terra,
Há riqueza no açude,
Há riqueza de dinheiro,
Há riqueza de virtude.
Quem tem riqueza no sangue,
É "Milionário de Saúde".

(...)

Conheci um vaqueiro,
Era o rei da vaquejada,
Por ser amigo da farra,

Teve a saúde arruinada.
Tomou Tayuyá de S. João da Barra,
Ficou com a sífilis curada.

Ouça conselho de velho,
Antes de você casar,
Pense bem no seu futuro,
Pra ter saúde no lar
Com Tayuyá de S. João da Barra
Deve seu sangue limpar.

(...)

Sobre o sabão, líquido e medicinal, Aristolino:

Aderaldo na viola,
Na rabeca, o menino.
Vai erguer a sua voz,
Pois cantar é seu destino.
Vai falar num bom produto.
É o sabão Aristolino!

O sabão Aristolino
É um produto especial.
Olhe: não é sabonete,
É líquido e medicinal.
Tem virtudes curativas,
Tem perfume original.

Dá à pele formosura,
Dá ao cabelo beleza,
Dá ao corpo mais saúde,
Dá à mulher mais lindeza.
Dá tudo o que ela precisa
Pra ajudar a natureza.

Pra lavar a cabeça,
É produto sem igual.
Não há caspas que apareça,
Para ao cabelo fazer mal!
Faz com que o cabelo cresça.
Belo, fino, divinal!

É bom também pra coceira,
A comichão faz parar.
A frieira logo acaba,
Se Aristolino passar.
E pra picada de mosquito,
Seu efeito é de espantar!

(...)

Se sua pele tem espinhas,
Cravos, manchas, que tristeza!
Se sua pele está feia,
Matando sua beleza,
Com sabão Aristolino
Volta logo a boniteza.

(...)

Meu pai é de Paraíba,
Minha mãe das Alagoas.
Eu nasci no Ceará
Só gosto de coisas boas,
Gosto do Aristolino
E não de coisas a toas.

Um punhado de farinha,
Um pouco de rapadura,
Uma cuia cheia de mel,

E sou outra criatura!
Só me falta o Aristolino
Pra curar minha assadura.

(...)

Louvado o meu Quixadá,
Sua caatinga, seu açude.
Louvado seja o destino,
Que me dá glória e virtude.
Louvado o Aristolino,
Que me dá tanta saúde.

Eu sinto grande saudade,
Do meu sertão tão amado,
Da farinha e rapadura,
Do chique-chique tostado,
Do sabão Aristolino,
Tão suave e perfumado.

(...)

Toda moça que é solteira,
E tem pele de espantar,
Só existe uma maneira,
De marido ela arranjar.
É usar Aristolino
Para a pele embelezar.

(...)

Já corri todo o Brasil,
Das Capitais ao Sertão,
Fui ao Rio de Janeiro,
E São Paulo, Estado irmão.

Sempre com Aristolino,
Que é a minha proteção.

(...)

Meu nordeste tem pitanga,
Caju e manga também,
Tem pamonha, tem coalhada,
O bom requeijão lá tem.
Tem também Aristolino,
O sabão que lhe convém.

(...)

Sobre o xarope Grindélia:

Depois de cantar Tayuyá,
Depurativo sem igual,
Cantei o Aristolino,
Sabão líquido e medicinal.
Do Grindélia Oliveira Júnior,
Chegou a vez, afinal!

Gindélia Oliveira Júnior
É um xarope especial.
Na tosse, na rouquidão,
No catarro bronquial,
Pra bronquite ou pigarro
É o xarope sem rival!

Antes desta cantoria,
É necessário avisar:
Muita gente por aí
Quer o Grindélia imitar!
Não sendo Oliveira Júnior
Você não deve tomar!

Grindélia Oliveira Júnior,
Tem tradição a zelar,
A sua finalidade,
É as doenças tratar.
Enquanto as imitações
Só lucro querem ganhar!

Grindélia Oliveira Júnior
É bom da gente tomar!
É um remédio excelente,
De gostoso paladar;
Pode-se tomá-lo sempre,
Sem nunca, nunca enjoar!

Um acesso de asma
É um momento de aflição,
E um acesso de tosse
É uma cruel situação.
Mas estes males encontrara
No Grindélia, a salvação!

(...)

Para a tosse da mamãe,
É o remédio indicado;
Na rouquidão do papai,
É também muito afamado
E pelo vovô e o netinho,
Grindélia é abençoado.

A coqueluche e a tosse,
A bronquite e a rouquidão,
O pigarro e o catarro,
Nos atacam à traição;
No Grindélia Oliveira Júnior,
Encontramos proteção!

(...)

Pra cantar um desafio,
Um trocado ou um mourão,
Um martelo agalopado,
Um coco ou um baião.
Precisa tomar Grindélia,
Para ajudar o pulmão!

(...)

Na festa de São João,
Todo mundo se divertia,
Só o Juca do Fundão,
Dava dó: como tossia!
Com Grindélia Oliveira Júnior
Ficou bom no mesmo dia!

(...)

Sobre o xarope de agrião Agriodol:

Quando Deus criou o mundo,
A cada um deu missão,
E determinando tudo,
Disse Ele ao agrião:
Vai à Terra e teu dever,
É proteger o pulmão.

Alguns homens de ciência,
Estudaram o agrião,
E com santa paciência,
Dele fizeram poção.
Agriodol é o nome,
Da grande composição.

Agriodol tem agrião,
É muito bom pro peito
Tem outros produtos mais,
Que na doença dá jeito.
Tem feito muito doente.
Levantar logo do leito.

Louvado pelo povo,
Receitado por doutor,
Apoiado no boticário,
O nosso amigo da dor.
Tem benção do vigário,
Agriodol tem valor!

Muito tenho viajado,
Por essa terra gigante,
Conheço um mundo de gente,
Fazendeiro e sitiante,
O povo simples da rua,
E também gente importante.

Vou contar casos que sei
Da minha peregrinação,
Pelos caminhos sem fim,
Desse meu vasto sertão.
Casos em que Agriodol,
Foi real salvação.

No sertão do Ceará,
Conheci linda morena,
Apanhou uma bronquite,
Tossia que dava pena!
Tomou logo Agriodol,
Ficou bem numa quinzena.

Outro caso assombroso,
Vi no Engenho do Antão,
Jogado no fundo da rede,
Com fraca respiração,
Raimundo auxílio pedia,
Pra não perder o pulmão!

O doutor que veio vê-lo,
Era de bom coração,
Agriodol lhe receitou,
Foi a sua salvação.
Ganhou forças, ficou forte,
Valente como um leão!

(...)

Guardo bem na lembrança,
Na Fazenda Aparecida,
O caso duma criança,
Que tinha tosse comprida.
Já não havia esperança,
De lhe salvar mais a vida.

Ficou muito emagrecida,
Pois tossia noite e dia,
Mais parecia esqueleto,
Pois sua carne sumia.
Dava pena meu patrão,
Ver o quando ela sofria.

Quando veio o doutor,
Que era homem de talento,
Receitou o Agriodol,
Acabou-se o tormento.
Passou a tosse e engordou,
Disse adeus ao sofrimento.

Para encurtar esta prosa,
E acabar a função,
Tem a história do velho,
Das bandas do Maranhão,
Que tinha antiga bronquite,
Antiga e de estimação.

Dormir era um sacrifício,
Pois a tosse não deixava,
Alimentar-se um suplício,
Pois de tossir não parava,
Quanto mais cansaço tinha,
Mais tossia e expectorava.
Se isso se chama viver,
Essa vida durou anos,
Com todos os sofrimentos,
Ilusões e desenganos.
Até que surgiu alguém,
Com sentimentos humanos.

Era a mão da Providência,
Que Agriodol lhe trazia,
E a bronquite foi embora,
Como se fosse magia.
E o bom velho Severino,
Não cabe em si de alegria!

(...)

O cantador encerra o cordel com um acróstico de seu nome:

*C**heguei ao fim da história*
*E** vou cantar noutro lugar,*
*G**losar é a minha sina,*
*O** povo devo alegrar,*

Ainda que dentro do peito,
De vontade de chorar!
Espero que estes versos,
Rimas pobres como eu
Alegrem e sejam úteis,
Lá no nordeste tão meu.
Digo: adeus, muito obrigado!
O Cego Aderaldo é seu!

CAPÍTULO X

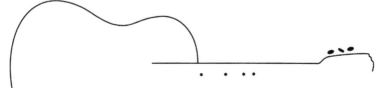

O poeta e jornalista Rogaciano Leite e o Cego Aderaldo

O poeta e jornalista Rogaciano Leite era admirador e amigo de Aderaldo. Levou o Cego cantador, às vezes sozinho, outras acompanhado com grandes cantadores, a excursões a São Paulo e ao Rio de Janeiro, entre outros estados. Rogaciano o apresentou a grandes poetas, feito Menotti del Picchia e Guilherme de Almeida. Há também registro de um encontro com o famoso cantor Sílvio Caldas e com o escritor Ariano Suassuna.

No Rio, em determinada ocasião, atacado em sua cegueira por um adversário, respondeu:

"Hoje, não vejo os refolhos
Dos lindos cravos azuis.
Não vejo o mar cheio de escolhos
E o Céu recamado em luz.
Mas tenho fé que os meus olhos
Um dia enxergam Jesus!".

Rogaciano Leite, que também era cantador, fez muitas cantorias com o Cego no Jangada Clube[13], na praia de Iracema. Outras vezes, eles cantavam na famosa Confeitaria Ritz (local de encontro da sociedade, intelectuais e boêmios), no centro de Fortaleza. Rogaciano e Aderaldo se enfrentaram muitas vezes. Num desses confrontos, em Crato, Rogaciano provocou Aderaldo:

"Este Aderaldo é tão besta.
Além de besta é tão tolo
Que a tua besteira é tanta,
Que come terra e tijolo.
Beija a minha palmatória
E dá-me a mão para o bolo...".

No que Aderaldo respondeu:

"E eu precisava de um besta
Que fosse um besta capaz.
Procurei no mundo um besta
E encontrei este rapaz,
Que não serve pra ser besta
Porque é besta demais!"[14].

Em junho de 1946, no Theatro José de Alencar, em Fortaleza, aconteceu o Primeiro Congresso de Cantadores do Nordeste. No Congresso, Cego Aderaldo se confrontou com o cantador pernambucano Otacílio Batista:

"O – A tua boca é tão grande
Que causa admiração.
A gente olhando por ela
Vê até teu coração.
E se procurar direito
Avista a China e o Japão.

C – Tu falas da minha boca,
Mas não convém falar dela,
Que a tua também é grande
Do tamanho de uma cancela...
Se tu não tomar cuidado,
Tu, breve, cai dentro dela."[15]

O Cego cantou também com o famoso cantador piauiense, radicado no Ceará, Domingos Fonseca. Fonseca formava, com João Siqueira de Amorim, uma das duplas de cantadores mais solicitadas do Nordeste. Dupla que virou moda no Ceará nos anos 1940 e 1950, tinha muito espaço nos jornais cearenses, inclusive com coluna em versos nos jornais *Correio do Ceará e Unitário*, onde respondiam temas e motes. Domingos Fonseca, um moreno de cabeleira brilhantinada, em uma cantoria, ganhou os seguintes versos do Cego:

> *"Esse moreno pelintra*
> *Que usa sapato e gravata;*
> *Passa banha no cabelo,*
> *Pra ver se o cabelo achata.*
> *Quanto mais quer ser bonito,*
> *Mais a feiura lhe mata".*

Em excursão ao Rio de Janeiro, juntamente com outros cantadores (toda a turma arregimentada por Rogaciano Leite), toma conhecimento do leite pasteurizado, que era distribuído em caminhões especializados e servido em copos de papel. Tomou desse leite em um desses copos. À noite, em sua apresentação, canta para o público:

> *"Acho muita diferença*
> *Do Rio pra o meu Sertão:*
> *Lá se tira leite em vaca,*
> *Aqui é num caminhão.*
> *Lá se bebe leite em cuia,*
> *Aqui é num papelão".*

Rogaciano Leite nasceu em São José do Egito, PE. Mas era cearense de alma e coração. Chegou muito moço ao Ceará. Aqui, doutorou-se em Filosofia. Foi o primeiro cantador a alçar um título tão elevado. Também ingressou no jornalismo, fazendo brilhante carreira e ganhando o Prêmio Esso por uma reportagem sobre o Amazonas. Faleceu no Rio de Janeiro, em 1969 (dois anos depois do Cego), gozando ainda de vigor físico e intelectual. Rogaciano, sem dúvida, foi um dos grandes divulgadores da obra de Cego Aderaldo. Sem o seu trabalho promocional, não conheceríamos pérolas feito esta:

> *"Sou cego, porém, sou grato*
> *À Divina Providência*
> *Por ter me dado este dom*
> *De cantador sem ciência;*
> *Antes ser cego de guia,*
> *Que cego de consciência".*

CAPÍTULO XI

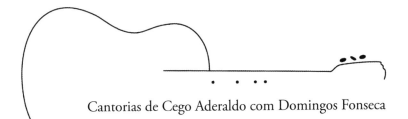

Cantorias de Cego Aderaldo com Domingos Fonseca

Em 1949, nos estúdios da Rádio Ministério da Educação, no Rio de Janeiro, Cego Aderaldo e o também cantador Domingos Fonseca, acompanhados na rabeca por Mário Aderaldo, gravaram quatro estilos de cantorias nordestinas. Essas cantorias foram registradas em partituras no estudo "A música na cantoria nordestina", de Dulce Martins Lamas, publicado no livro *Literatura popular em verso – Estudos (1973)*.

Desafio (Martelo Agalopado)

Cego Aderaldo:
Mas amigo, eu estou preocupado
Vamô agora nós dois cantá
Um trabalho que eu quero citá
Para ir num martelo agalopado,
Segundo se vai anunciado.
É uma obra bonita de grandeza
É preciso falá pela nobreza,
Convidá aos seus, eu também vou,
Como és o Domingo cantadô
Vais cantar o poder da natureza.

Domingos Fonseca:
É melhor, num sentido diferente,
Que cantar a natureza é bem custoso,
É preciso um poeta espirituoso
E, aliás, um pouquinho inteligente.
Porque só contemplar-se o sol poente,
O seu raio tão rico de beleza,
E o ar, pelo qual a chuva é presa,
Pelo tempo da chuva, a terra diz

Depois de mole a terra ainda assobia:
É muito grande o poder da natureza.

Cego Aderaldo:
Por exemplo, se planta uma semente,
Numa terra limpa e bem queimada,
Ela nasce linda e bem grelhada,
Por impulso dessa terra úmida e quente,
Vai crescendo e ficando diferente,
Tomando aspecto e beleza;
Embora que a árvore nasça presa
Entre dois rochedos absolutos,
Ela cria mesmo flores e frutos
Pelo pulso da mão da natureza.

Domingos Fonseca:
Se o macaco se lembra, energia,
Quando vai roubar milho em um roçado,
Sempre deixa na cerca colocado
Um macaco pequeno como espia,
Se o dono do roçado, neste dia,
Vai buscar um legume pra despesa,
Ele avisa aos outros e com ligeireza,
Sai correndo da mata pela fralda,
Com os rastilhos de milho presos à cauda,
Isto tudo é poder da natureza.

Cego Aderaldo:
Se é lagarta em forma de serpente
Quando vai caminhando em um'estrada,
Mas, depois, metamorfoseada,
Ela toma porte diferente,
Cria asas e couro reluzente,
Verdadeiro vislumbre de beleza,
Nem arte, nem dinheiro, nem riqueza
Poderá pintar beleza igual.

Também tudo isto universal,
Impulso da mão da natureza.

Domingos Fonseca:
Deixa a onça, de noite, a sua caverna,
Para o filho, vai atrás do alimento
Procurando andar de encontro ao vento,
Devagar, por ali, trocando pernas;
O amor próprio lhe governa
E obriga a lutar, sem ter certeza,
Se vence ou é vencida pela presa.
Mas, vencendo, quem vence é o pedaço,
Ela leva pro filho alimentar-se,
Nisto tudo se estampa a natureza.

Desafio (Mourão)

Domingos Fonseca:
Seu Aderaldo Ferreira
Vamos cantar um Mourão.

Cego Aderaldo:
Não há dúvida, meu amigo,
Que é a minha obrigação.

Domingos Fonseca:
Agora verso trocado
Pra ficar também riscado
Igualmente a um quadrão.

Cego Aderaldo:
Tá direito, tem toda razão
É um trabalho bonito.

Domingos Fonseca:
Eu estou fazendo isto
Com o coração contrito.

Cego Aderaldo:
Olha vai de conjuntura,
Para fechar, criatura,
Quase que me precipito.

Domingos Fonseca:
Meu verso parece escrito,
Já me vem desencanado.

Cego Aderaldo:
Parece o cego velho,
Onde ele canta, é contado.

Domingos Fonseca:
Eu pra cantar não me vejo,
O carro engata e quebra o eixo,
Meu mourão tá bem fincado.

Cego Aderaldo:
Reto, bonito e pesado
Foi meu trabalho direitinho.

Domingos Fonseca:
Por Deus, que até agora
Tem cantado com carinho.

Cego Aderaldo:
Aderaldo quando canta,
Dá um trino na garganta,
Que parece um passarinho.

Domingos Fonseca:
Quando avoa do ninho
Para não voltar jamais.

Cego Aderaldo:
Me parece que ele chora
E suspira, dá um ai...

Domingos Fonseca:
Parece também que repousa,
Porém ainda faz força
Que cantor novo não faz...

Cego Aderaldo:
Eu me lembro de rapaz,
Quando eu era criatura.

Domingos Fonseca:
De fato devia ter
Enorme musculatura.

Cego Aderaldo:
Hoje quero, mas não posso
Dói-me a carne, arde os ossos
Falta até a dentadura.

Domingos Fonseca:
Chegou uma criatura
Nos olhando da janela[16]

Cego Aderaldo:
Pra ver nossa cantiga
Que nós canta pra donzela.

Domingos Fonseca:
Quem será este cidadão,
Que terminado este mourão
Nós vamos cantar parcela.

Cego Aderaldo:
É uma cousa muito bela
Que inté tão bem tangida

Domingos Fonseca:
É o que pode chamar-se
A maravilha da vida.

Cego Aderaldo:
É uma cousa muito bela,
Que se cantar em parcela,
A cousa tão bem conhecida.

Domingos Fonseca:
Só uma velha luzida
Cantará parcela bem.

Cego Aderaldo:
É a regra mais ou menos,
Canta você, canta alguém.

Domingos Fonseca:
Na minha lira amarela,
Mas para cantar parcela
É nós dois e mais ninguém.

Cego Aderaldo:
Eu já cantei muito bem
Mas hoje vivo tão cansado.

Domingos Fonseca:
Assim mesmo, aonde canta
Ainda dá bom resultado.

Cego Aderaldo:
Quando vou cantá parcela,
Eu não me lembro mais dela
E fico acolá colocado.

Desafio (Quadrão)

Domingos Fonseca:
Aderaldo eu vou na frente
Cantando conveniente
Vou traduzindo o repente,
Que alguém dê atenção.

Eu estou de prontidão
Junto com meu companheiro
Fazendo verso ligeiro
Eu oiço verso em quadrão.

Cego Aderaldo:
Eu cheguei nesse lugar
Mas aqui não é meu lar
Outras terras e outros mar
Outro céu e outro sertão.

Vou falar de prontidão
Não é um cantar bem dito
Porém meu verso é bonito
Em quadrado, quadro, quadrão.

Domingos Fonseca:
Cheguei ao Rio de Janeiro
Junto com meu companheiro
De fato ganhei dinheiro
Mas já estou em precisão.

Porém nesta ocasião
Dona Dulce[17] *nos convidou*
E nossa sorte melhorou,
Cantando oitavo em quadrão.

Cego Aderaldo:
Vou preparar o quadrado
E vou arrumar o esquadro,
Para ver se faço quadro,
Preparar a quadração.

Ver as quadras como são
Depois do quadro bem feito
Canto muito satisfeito
O quadrado, quadro, quadrão.

Domingos Fonseca:
Eu dou a bala ao meu peito
Quadrando do mesmo jeito,
Para ficar satisfeito
Quadro o dedo e quadro a mão.

Quadro o café, quadro o pão
Quadro o pão, quadro o café
Quadro a igreja, quadro a fé
E termino tudo em quadrão.

Cego Aderaldo:
Pra fazê um oitavado,
Pra ao depois ficá quadrado
Pra ficá sextivado
Vou fazê a quadração.

Mostro os quadros como são
Tudo riscado ao compasso

Tendo lá um pé de aço
Em quadrado, quadro, quadrão.

Domingos Fonseca:
Quadro a fôrma, quadro o queijo
Quadro a boca, quadro o beijo
A vontade e o desejo
O gozo e a satisfação.

Aqui tenho o coração
O coração e a vida
Quadro a praça e a avenida
E termino tudo em quadrão.

Cego Aderaldo:
Ó meu Deus, que cousa boa
Não levo a conversa à toa
Minha palavra revoa,
Pela força de um pulmão.

Não me dói o coração
E não é uma cousa louca
Sai o meu verso da boca,
Em quadrado, quadro, quadrão.

Domingos Fonseca:
Eu não quero me gabar
Desejo apenas cantar,
Agora é pra terminar,
Que o moço acenou a mão[18]

Eu olhei pra posição,
Vou terminar meu repente
Sim, senhor, já estou ciente
Vou terminar meu quadrão.

Desafio (sextilhas)

Cego Aderaldo:
Ó doce luz dos meus olhos
Coração e a lembrança
Tudo quanto eu percuro
Eu vejo perseverança.
Meu peito vive cansado,
Porém não sente mudança.

Domingos Fonseca:
Eu desde muito criança,
Que procurei me manter
Vivendo da cantoria
Para vestir e comer;
Já que ser grande poeta
Lutei, mas não pude ser.

Cego Aderaldo:
Jesus a mim quis fazê
Neste caso que se deu:
Eu perdê a minha vista
Meus olhos escureceu
Mas estou cantando as virtudes
Que a natureza me deu.

Domingos Fonseca:
Jesus me favoreceu
Com a pequena viola
Me deu a inteligência
Que ao verso desenrola
Eu acho que ele deu-me
Uma preciosa esmola.

Cego Aderaldo:
Deus a mim, me deu a bola
Para levar a cantoria
Tirou a luz dos meus olhos
Eu não vejo a luz do dia
Porém eu levo a palavra
Transcrita em poesia.

Domingos Fonseca:
Jesus prometeu-me um dia
E eu fiquei disto ciente
Eu havia de ser pobre
De viver sempre doente
Porém me deu por consolo
A cantoria repente.

Cego Aderaldo:
Eu não vivo indiferente
Aqui no Rio de Janeiro
Vivo muito consolado
Meu canto é verdadeiro
Embora que nesta terra
Não tenho ganhado dinheiro.

Domingos Fonseca:
Eu sei que o Rio de Janeiro
É uma cidade interessante
Mas eu sempre me recordo
Do velho sertão distante
Tanto que da minha terra
Não esqueço um só instante.

Cego Aderaldo:
Levo a minha vida avante
Na terra misteriosa
Nesta cidade tão linda,

*De pessoas tão garbosas
Lugar aonde se vive
A terra cheia de rosa.*

Domingos Fonseca:
*De fato é muito formosa
Não há quem diga que não
Parece com um pedacinho do céu
Estendido no chão
Mas não se acaba a vontade
De eu voltar pra o meu sertão.*

Cego Aderaldo:
*Eu sinto no coração
Aqui uma grande alegria
Porém eu não vejo o mundo
Perdi toda a simpatia
Ah, se eu pudesse ver
A estátua de Caxias.*

Domingos Fonseca:
*Teve grande garantia
Aquele homem aliás
Em reverência ao seu nome
Todo mundo ainda faz
O nome dele na história
Não se apaga nunca mais.*

CAPÍTULO XII

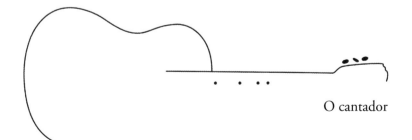

O cantador

A partir de 1943, com 64 anos de idade, Cego Aderaldo percebe, de vez, que sua estrela para os negócios não brilhava feito a sua estrela para a cantoria. Todos o queriam ouvir cantar. De viola na mão, voz altiva e ombros altaneiros, percorre os estados de Pernambuco, Maranhão e Piauí.

Parou de aceitar desafios em 1945, com 67 anos[19]. Já havia gravado seu nome, com letras maiúsculas, no livro da história da cantoria popular. Estava sereno e não o agradava mais a ideia da "ira" contra um cantador oponente. Desde então, só cantava. Fez versos de louvor a Carlos Lacerda, de entusiasmo ao brigadeiro Eduardo Gomes, de gratidão a Juscelino Kubitscheck (foi quem lhe concedeu a aposentadoria), por ocasião do falecimento de Leonard Mota, sobre o desastre aéreo que vitimou Castello Branco etc.

Nunca se casou[20]. Mas criou 26 meninos[21]. Dando-lhes oportunidade de estudar e ensinando a cada um deles tocar um instrumento. Montou uma pequena orquestra que se apresentava nas preliminares de suas cantorias. Todos os meninos usavam o nome "Aderaldo" em combinação com o nome de batismo. A grande maioria foi seu guia. Nutria pelos filhos dos outros grande apego, que ia além de tê-los como companheiros de trabalho. Tinha-os como filhos de sangue. O penúltimo foi Mário Aderaldo Brito[22] (seu pai, Chico Brito, também fora criado pelo Cego, o que tornava Mário uma espécie de neto de Aderaldo), que o acompanhou durante vários anos, até se casar. Mário foi o melhor guia do Cego (Aderaldo o chamava de "minha vista"), e o acompanhava tocando rabeca. O Cego se apresentou para o então governador de São Paulo, Adhemar de Barros, conseguindo dele a nomeação no Banco do Estado de São Paulo para o filho adotivo. Em junho de 1961, quando Mário Aderaldo (então funcionário do Banco do Estado de São Paulo, em Fortaleza) se preparava para o casório, Cego Aderaldo enviou o seguinte bilhete a seu amigo Eduardo Campos: "No dia 30 do corrente, o Mário vai se casar. Vou ficar sem este grande elemento. Mas é isto mesmo. Deus me dará outro, pois enquanto há vida, há esperança, não é mesmo?". O bilhete vinha com os seguintes versos:

"No dia 30 de junho
o Mário vai se casar:
A moça[23] é sincera e boa.
Tem coração exemplar.
Acredito que em futuro
vão viver num santo lar".

O último guia do Cego chamava-se Marconi.
Viveu os últimos anos de vida em Fortaleza, onde manifestou o desejo de ser enterrado na mesma cidade. E assim o foi.
Em 1979, o paulista Jorge Rizzini, conhecido radialista e homem de TV, médium de bastante credibilidade, foi manchete nos jornais do país por ter psicografado versos de Cego Aderaldo. Eis alguns deles:

"Não trago minha viola,
Nem rabeca, violão.
Mas um caso vou contar.
Escute bem, meu irmão:
Eu sou o Cego Aderaldo,
O cantador do sertão".

(...)

"O que vou dizer agora
Espantaria Tomé.
Quem me conhece já sabe,
Eu nunca brinquei com a fé.
Meu corpo entrou no caixão,
Mas eu continuo em pé".

Cego Aderaldo continua mesmo em pé.

Músicos como Baden Power, Egberto Gismonti e Naná Vasconcelos, fizeram músicas inspiradas em Cego Aderaldo.

Baden, gravou em 1969, no LP "Baden – 27 horas de estúdio", a composição *Cego Aderaldo (... Nordeste)* com 3 min. e 42 seg. de duração. É a faixa 6 do LP.

Egberto Gismonti, gravou no disco "Folk Songs" (ECM/ WEA, 1981), a música *Cego Aderaldo*. No disco, Gismonti é acompanhado no saxofone por Jan Garbarek e no baixo por Charlie Haden, grandes músicos do *free jazz* europeu e norte-americano.

Naná Vasconcelos, gravou a música *Cego Aderaldo* (faixa 4, num total de 5) no disco "Saudades", gravado nos EUA.

A cantora Inezita Barroso gravou em disco a canção *Galope à beira-mar*, composição de Luiz Vieira. A canção evoca o Cego cantador. Cego Aderaldo ganhou do político Paulo Sarasate, de presente de natal, o disco com a gravação.

POSFÁCIO

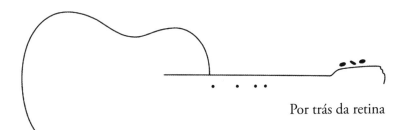

Por trás da retina

Pesquisando descobri fatos sobre Cego Aderaldo que jamais imaginaria. Chego a jurar que muita gente também não. O maior deles: a obra *Peleja do Cego Aderaldo com Zé Pretinho do Tucum* não é da autoria do Cego. O autor é Firmino Teixeira do Amaral.

Firmino foi um poeta de bancada, daqueles que pouco sai de casa. Perfeita antinomia de Aderaldo. Cego Aderaldo era um matuto de porte avantajado, espadaúdo, quase dois metros de altura[24], forte, cabeleira bonita, um tipão. Cantador por excelência. Correu o sertão e fez fama com suas cantorias. Cantava obras de amigos, aliás, muitos amigos. Era uma legenda, amado de uma ponta a outra do Nordeste. As garotas faziam a festa quando o viam. Tinha uma voz de barítono, uma linda voz. Era uma honra ter cordéis propagados por ele.

Na Santa Casa de Misericórdia de Fortaleza (onde foi assistido pelos médicos Farah Otoch e Eudásio Barroso), fez versos até pouco antes de morrer:

"O nobre Dr. Eudásio
É dos outros diferente.
Examina com cuidado
A todo e qualquer cliente.
Além de dar a receita,
Inda dá dinheiro a gente".

Tanta fama angariou que, quando morreu, em 30 de junho de 1967, aos 89 anos e seis dias, sepultado no cemitério São João Batista, em Fortaleza[25], foi homenageado por um cortejo de cantadores cujas violas traziam fitas negras, improvisando parlapatices sobre o Mestre.

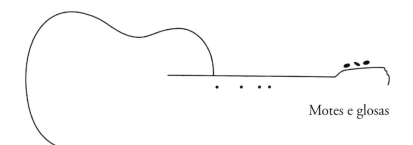

Motes e glosas

MOTE
*A coisa melhor do mundo
É viajar de avião.*

GLOSA
*Eu saí da minha terra,
Vim voando pelo espaço,
Num aparelho de aço
Por cima de monte e serra;
Mesmo num tempo de guerra,
Se acaso houver precisão,
Irei pra outra nação
Sentindo um prazer profundo...
A coisa melhor do mundo
É viajar de avião.*

*Um "que" que o avião tem,
Quando se vai viajando,
A gente fica pensando,
Que já é rico também,
Mesmo sem ter um vintém
Pensa que tem um milhão,
Voando pela amplidão,
Só quer ser um deus segundo;
A coisa melhor do mundo
É viajar de avião.*

*O mundo está diferente!
Que prazer se sente agora,
Cortando o infinito afora
Num aparelho potente!*

Vê-se as nuvens, calmamente,
Num jogo de oscilação,
Fazendo linda junção
Entre o céu e o mar profundo...
A coisa melhor do mundo
É viajar de avião.

MOTE
"A lua é a noiva triste
Que o sol desprezou no céu".

GLOSA
Pelas seis horas da tarde,
Quando o sol vai se escondendo,
A lua chora pensando
Que seu noivo vai morrendo.
Ela, a amiga legítima
Da dor fatal, que foi vítima.
Ele: traidor e réu
Em que só maldade existe,
"A lua é a noiva triste
Que o sol desprezou no céu".

Às seis horas da manhã,
A lua ergue-se também
Pra ver se tem o prazer
De ver o sol quando vem.
Ele: liberto, altaneiro,
Qual majestoso guerreiro;
Põe sobre o rosto o chapéu
Pra que ela não lhe aviste
"A lua é a noiva triste
Que o sol desprezou no céu".

Que ecos tristes são esses
De ódio, blasfêmia e ira?

É a lua "desprezada"
Que tristemente suspira,
Tão abatida se acha,
Cansada de estar tão baixa,
Vai subindo déu em déu,
Quer sorrir mas não resiste,
"A lua é a noiva triste
Que o sol desprezou no céu".

Ela chora, ele canta!
Ele ri, ela soluça.
Ele altaneiro se ergue!
Ela, triste se debruça!
Ele, o prazer. Ela a dor!
Ele, o jardim. Ela a flor!
Ele, o campo. Ela o tetéu.
Ela, chora. Ele assiste!
"A lua é a noiva triste
Que o sol desprezou no céu".

MOTE
"A saudade é companheira
De quem não tem companhia...".

GLOSA
Eu vivo assim tão sozinho,
Sem ter mulher, sem esposa,
Como triste mariposa
Voando pelo caminho...
Como pássaro sem ninho
Vivendo sem alegria,
Aqui nesta terra fria,
Longe de minha ribeira:
"A saudade é companheira
De quem não tem companhia!...".

MOTE

"Salve! Bahia altaneira
De Castro Alves e Rui".

GLOSA

Foi a terra onde Cabral,
Navegante português,
Viu pela primeira vez,
O grande Monte Pascoal;
Terra de glória imortal
Que só belezas possui,
O teu nome constitui
"Toda a pátria brasileira
De Castro Alves e Rui".

Salve! A bravura e destreza
Dessa gente grande e forte
Que soube enfrentar a morte
Contra a invasão holandesa!
Salve! Do solo a riqueza
Que um tesouro constitui!
O petróleo que possui
A terra de Mangabeira!
"Salve! Bahia altaneira
De Castro Alves e Rui!".

MOTE

"Graça de filho é bonita,
Pra todo pai como eu".

GLOSA

A criança graciosa
Corre cortando o orvalho,
Depois se trepa em um galho;
Aonde colhe uma rosa,

Acha a flor tão perfumosa
Encarnada como fita,
Corre para onde habita
A criança alegre vai
Atira a rosa no pai
Graça de filho é bonita...

Eu tenho sempre ao meu lado,
Esta linda criatura,
Pela beleza e ternura
Só nasceu pra ser beijado,
Este filho idolatrado
Desde o dia que nasceu,
Nunca de mim se esqueceu
Com a sua simpatia
Enche a casa de alegria
Pra todo pai como eu...

Esta pequena criança
É minha consolação,
E enche meu coração
De amor, riso e esperança;
Pai como eu não se cansa
De ouvir a frase bonita,
É como a glória bendita
Que me fala com carinho
Quando ele diz papaizinho
Sinto uma graça infinita...

Eu tenho este pequenino
Que pouco sabe falar,
Porém já sabe cantar;
Quase a metade de um hino,
E eu lhe dei pouco ensino
E ele tudo aprendeu,

A natureza lhe deu
A religião que abraça
Por isso é que eu acho graça
Nas graças tolas do meu...

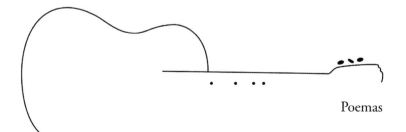

Poemas

VERSOS CANTADOS AO SOM DA VIOLA

O filho do alfaiate,
Seu brinquedo – é como retalho;
O filho do jogador
Gosta muito é do baralho,
E o filho do preguiçoso
Só dorme bem no borralho.

O filho do homem praiano
Comendo vício é de areia;
O filho da costureira,
Sua roupa é muito feia
Porque é feita de taco
Que sobrou da roupa alheia.

O filho do carreteiro
Brinca com caixão e saca;
O filho do feiticeiro
Só fala em urucubaca,
E o filho do vaqueiro,
Junta ossinho, chama vaca.

O filho do ferreiro,
Seu brinquedo é uma safra;
O filho do pescador
Aprende a fazer tarrafa
E o filho do cachaceiro
Nasce lambendo a garrafa.

O mundo diz uma cousa,
Eu acho que ele diz bem,

Porque o vício do pai
Este mesmo o filho tem.
Se o pai é mau pagador
O filho não paga a ninguém.

Se o velho bebe cachaça,
O filho bebe é branquinha;
Para não ficar ardosa
Bota mel, faz meladinha,
Sai com as pernas trançando.
Como quem trança bainha.

Quando o velho bebe muito,
O filho inda bebe mais;
Beber cana e tirar gosto
É hoje que o povo faz.
O bêbado só veste as calças
Com a braguilha pra trás.

O NAMORO DO CEGO

Vinte e seis filhos alheios
Que foram por mim criados,
Todos foram muito bons
Amiguinhos dedicados.
Eu achava graça neles
De serem tão namorados.

Joãozinho era um menino
Entre os outros, bem jeitoso,
Dizia sempre: – O namoro
É um caso melindroso
Precisa um bonito trajo,
Perfume do mais cheiroso.

Alguém diz que o namoro
É fazer papel de louco,
Mas eu digo diferente,
Que todo namoro é pouco.
É o mesmo que comer
Queijo com doce de coco.

Nelzinho, dizia, João,
– Namoro é cousa sagrada;
O homem que não namora,
No mundo não goza nada;
Cada rapaz deve ter
Com ele uma namorada.

Neste tempo apareceu,
De lá da Nova Floresta,
Um convite com urgência
Para nós irmos à festa,
Partimos sem ter demora,
Com nossa pequena orquestra.

Chegamos todos na festa
Onde fomos convidados,
Já todos tinham consigo
Uma menina de lado.
Mas eu, como pobre cego,
Estava desocupado.

Depois, chegou uma moça,
Sentou-se junto a Joãozinho,
E outra, muito risonha,
Ficou perto do Nelzinho,
E uma chata, calada,
Sentou-se ali bem pertinho.

Cláudio Portella

Eu senti dentro da alma
A forma duma alegria.
Pensei logo hoje é minha noite,
Amanhã será meu dia.
Era o fluído do amor
Que chegou e eu não sabia...

A menina do João
Era até bem parecida
E a outra, do Nelzinho,
Era um tanto retraída.
Os rapazes namoravam
Com o maior prazer da vida.

A que estava junto a mim
Cheirava a flor de arruda,
Cheirava a cravo e canela,
Era um Deus nos acuda.
Se conservava calada,
Parece que era muda.

Já era de madrugada,
Os galos estavam cantando.
Elas diziam queixosas:
– Papai já está nos chamando.
Daquelas duas mocinhas
Já tinha uma chorando...

Joãozinho dizia: – Meninas,
Vocês agora já vão,
Para nós morreu a festa,
Entristeceu o salão.
Meu anjo, leve consigo
O meu leal coração.

*Seguiram as duas mocinhas
E o pai das meninas atrás.
Nelzinho, ficou muito triste,
Suspirando e dando ais,
Nelzinho chorava com pena,
João chorava muito mais.*

*Nelzinho perdeu sua prenda,
Joãozinho perdeu seu amor,
Todos dois ficaram tristes,
Toda a alegria findou,
E eu fiquei muito alegre
Porque a minha ficou.*

*Eu via na minha mente,
Pertinho de mim sentada,
Aquela linda menina
Que eu julguei ser namorada.
Sincera e sempre sisuda,
Se conservava calada.*

*Não falava, não sorria;
Sempre em ordem do costume,
Mas do seu lado eu sentia
Um especial perfume;
Tanto que dos meus meninos
Eu já estava com ciúme.*

*Depois, chegou um rapaz
De braço com uma mocinha,
Dizendo: Esta moça
Está pedindo uma modinha.
Mais satisfeito eu faria
Se tivesse sido a minha.*

Comecei logo a modinha,
Escolhi uma mais bela,
Para ver se agradava
Aquela linda donzela,
Que era séria e calada,
Eu namorava com ela.

Cantei Assim:

Vou embora desta terra para a minha
Que aqui não posso ficar;
Vou partir, parto chorando,
Assim faz quem vive amando,
Ausente do seu lugar.

Vai embora o pobre homem que te amava,
Que por ti tanto sofreu,
Perseguido e odiado,
Desta terra desprezado.
Não sei como não morreu.

Vai embora o pobre homem que te amava,
Que por ti sofreu bastante,
Já gozei delícia e gosto
E hoje tenho por desgosto
É viver de ti distante.

Parando então a modinha,
Soltei o meu violão.
Toquei então na menina
Pelo contato da mão:
Conheci perfeitamente
Que a caboca era um peixão.

Como o amor era ardente,
Toquei-lhe de novo a mão,
Conheci que ela estava
Trajada em lindo fustão,
E na cintura da menina
Rodeava um cinturão.

Sentada então junto a mim
Sisuda e nem suspirava,
Não dava sinal de vida,
Não sorria e não falava
E nunca me respondia
O que eu lhe perguntava...

E pela terceira vez
Toquei, empurrando a mão,
Rasgou-se o véu do engano,
Foi grande a decepção,
Que a minha namorada,
Era um enorme pilão...

Julgava ser uma moça
E eu estava perto dela;
Foi engano, era um pilão...
No lugar duma donzela,
O perfume que me enganou
Era de cravo e canela...

Que há pouco tinham pilado
Para temperá o bolo,
Eu fiquei envergonhado,
Triste, sozinho, sem consolo:
À primeira vez que amei
Passei por safado e tolo...

Nunca mais eu amarei,
Nem quando em meu coração
Tais loucuras como estas
Que só me deram aflição,
De passar uma noite inteira
Enfincado com um pilão...

AH, SE O PASSADO VOLTASSE!

Ah! Se o passado voltasse!
Como volta a Primavera,
Como o Inverno e o Verão
Transformando a Atmosfera,
Ah! Meu Deus, eu inda via
O que já vi noutra era.

Ah! Se o passado voltasse!
Como uma renovação
De passado inesquecível
Que gravo no coração...
Ainda teria o gosto
De sair da escuridão...

Ah! Se o passado voltasse!
Meu Deus, que felicidade!
Ver o que já vi no mundo
Que só me resta a saudade,
Ainda achava um tesouro
Que perdi na flor da idade.

Ah! Se o passado voltasse!
Me tirando dos abrolhos
Deste mar tempestuoso
De tenebrosos escolhos!

*Eu encontrava a riqueza
Que perdi com a luz dos olhos!*

*Ah! Se o passado voltasse!
Que eu visse do mundo a luz,
Visse o céu e visse a terra
E tudo que ela produz,
Com certeza eu minorava
O peso da minha cruz...*

*Ah! Se o passado voltasse!
Ao tempo que eu tinha vista,
Ao tempo que eu trabalhava
Na minha tenda de artista,
Procurando um dia achar
Um galardão ou conquista.*

*Ah! Se o passado voltasse!
Que prazer e que ventura,
Ver de novo a luz do dia,
Sair desta vida escura,
Onde bebo a cada passo
O meu cálice de amargura.*

*Ah! Se o passado voltasse!
Que eu pudesse um dia ver
A face de quem me traz
Um benefício, um prazer,
De quem me presta atenção,
De quem me quer conhecer.*

*Ah! Se o passado voltasse!
Que eu visse a grande amplidão,
As aves cortando o espaço
Com tanta satisfação,*

E visse a face da imagem
Da Virgem da Conceição...

Ah, Se o passado voltasse!
Que visse as nuvens no espaço,
O céu bordado de estrelas
Formando um lindo regaço,
Talvez até não sofresse
As amarguras que passo...

Ah! Se o passado voltasse!
Eu teria imenso gosto
De ver as flores de abril,
O lindo luar de agosto,
A brisa que sopra leve
Ao arrebol de um sol posto!

Ah! Se o passado voltasse!
Eu via as águas nas fontes,
Bosques, prados, cordilheiras,
Cascatas, vales e montes,
O nascer e o pôr do sol
Recortando os horizontes.

Ah! Se o passado voltasse!
Que eu visse o grande Oceano,
Revolto, forte, soberbo,
Tão portentoso e ufano,
Indomável, temeroso
Como um sultão soberano.

Ah! Se o passado voltasse!
Como a luz do sol da Aurora,
Talvez que estivesse longe
De onde estou cantando agora,

Lamentando a triste sina
Como quem suspira e chora.

Ah! Se o passado voltasse!
Como volta um dia a sorte,
Do errante peregrino
Sem guia, sem luz, sem norte,
Eu inda tinha um instante
De prazer antes da morte.

Ah! Se o passado voltasse!
Num transporte de fulgores,
Trazendo ao meu coração
Onda de excelsos primores!
No mundo tudo era riso
Ante a fragrância das flores!

Ah! Se o passado voltasse!
Devolvendo a meninice,
Carinhos de pura meiguice,
As mágoas que sinto agora
Talvez que jamais sentisse!

Ah! Se o passado voltasse!
Com o meu tempo de menino,
Cada gorjeio dum pássaro
Era uma nota de um hino,
Cantavam mil sabiás
No jardim de meu destino!

Ah! Se o passado voltasse!
Me devolvendo o clarão,
Vendo as crianças amigas
Ao meu lado no sertão,
Dois olhos eram meu guia
E nunca um pobre bastão...

Ah! Se o passado voltasse!
Quando, bem de manhãzinha,
Acompanhava meus pais
Para rezar na igrejinha,
Era um riso do papai
Era um riso da mãezinha!

Ah! Se o passado voltasse!
Com os beijos da inocência,
Com os caboclos vizinhos
Numa doce convivência,
Meus sonhos faziam parte
Dos altos da Providência!

Ah! Se o passado voltasse!
As garotas do passado
Acenavam para mim
Com um sorriso animado,
O perfume das caboclas
Rondava sempre a meu lado!

Ah! Se o passado voltasse!
Meus ditos tinham valor:
Talvez eu compreendesse
Alguns instintos do Amor,
Havia um manto de luz
Em vez de um manto de dor.

Ah! Se o passado voltasse!
A tristeza do meu peito
Transformava-se num riso
Calmo, sereno e perfeito,
Talvez transformado em flores
Eu tinha o meu rude leito!

Ah, Se o passado voltasse!
Quanto eu seria estimado!
Transformava-se, em doçura
Tudo que eu tenho cantado,
Mas, como tudo acabou-se,
Adeus! Adeus, meu passado!

O POBRE HOMEM
Modinha

Vai embora o pobre homem que te amava,
Que por ti tanto sofri,
Perseguido e odiado,
Desta terra desprezado,
Não sei como não morri.

Vai embora o pobre homem que te amava,
Que por ti sofreu bastante,
Já gozei delícia e gosto
E por causa de desgosto
Vou morrer de ti distante!

Vou embora desta terra para a minha,
Que aqui não posso ficar,
Vou partir, parto chorando,
Assim faz quem vive amando,
Ausente do seu lugar.

A MINHA CASINHA

Eu moro em uma cabana,
Numa pequena choupana
Coberta de jitirana,

Cheia de flor sem botão...
É ali aonde existe,
Onde mora um cego triste
Com mágoas no coração...

A casinha é de biqueira,
Em baixo, ao pé da soleira,
Tem um pé de trepadeira
Com os galhos ao abandono...
Quero sorrir, porém choro,
A casinha aonde eu moro
Parece que não tem dono...

E lá fora no terreiro
Tinha um pé de Juazeiro
Que nunca foi altaneiro,
Deram-lhe um golpe, pendeu...
Sem fruta, sem flor existe,
Desfolhado, vive triste
E... o Juazeiro sou eu...

Todos contam sua glória,
Amor, riso, e vitória,
Eu apenas conto a história
Do que há pouco se passou:
Tudo quanto eu possuía,
Em agosto, um certo dia,
A casinha se queimou...

Esta pequena casinha
Que eu chamava toda minha
Era a morada que tinha,
Pedia a Deus, no meu rogo,
Para ela ser feliz,
Mas, como Jesus não quis,
A casinha pegou fogo...

VERSOS À NATUREZA

Por exemplo: plantamos uma semente
Numa terra limpa e bem queimada:
Ela nasce linda e zelada
Por ação desta terra úmida e quente.
Vai crescendo e ficando resistente
E tomando um aspecto de beleza.
Muito embora que a árvore nasça presa
Entre negros rochedos absolutos,
Ela cria verdor, flores e frutos
Por impulso da mão da natureza.

Por exemplo: vemos um aruá
Com um búzio que é sua moradia,
E um par de antenas que lhe guia
E lhe indica o lugar aonde está.
E o inseto chamado embuá,
Muitas pernas moventes com destreza,
Perdeu uma, faltou-lhe a ligeireza
E começa a andar desaprumado,
Isto tudo nos deixa admirado
Do impulso da mão da Natureza.

Por exemplo: nós vemos uma palmeira,
Suas palmas em forma de penacho.
A fenda por onde passa o cacho,
Não se encontra caçando a vida inteira,
Também vemos um pé de bananeira,
Que dá frutos que enfeita a nossa mesa,
Tem sabor, tem perfume, tem beleza
E vitamina que faz nossa saúde.
Tudo isso nos faz crer na virtude
Do impulso da mão da Natureza.

A lagarta tem forma de serpente
Quando vai viajando numa estrada,
Mas, depois de metamorfoseada,
Ela toma uma vida diferente:
Cria asas de cor bem transparente,
Verdadeiro vislumbre de beleza.
Nem ciência, nem arte, nem riqueza
Poderia pintar beleza igual.
Isto é lei do Juiz Universal
E é impulso da mão da Natureza.

A MINHA MÃE!

Hoje é dia das mães... Quanta saudade
Dos beijos e carinhos dos meus pais,
Dos lindos tempos da primeira idade
Que já se foram pra não voltar mais...

Minha mãe! Minha mãe! Nunca se acalma
A dor imensa do meu coração:
Eu tenho um Saara de saudade n'alma
Daqueles tempos que bem longe vão...

Tempos que falam duma vista linda
Sobre os campos imensos e a floresta,
Onde o sorriso duma infância brinda
Todo o fulgor da passarada em festa!

Este dia das mães, como outros dias
Santos e puros, cheios de afeição,
Abriga o bem de todas as Marias
Cantando rimas para um coração...

Mas minha mãe partiu... Meus dezoito anos
Trouxeram-me a cegueira... Foi-se a palma...

Desde então eu a vejo entre meus planos
Mas somente com os olhos de minh'alma!...

QUIXADÁ E O CAPITÃO CLÁUDIO

Antes do Capitão Cláudio
Delegar nesta cidade,
Havia aqui um regime
De grande barbaridade,
Em cada esquina um valente
Trazia logo na frente
Os dons da perversidade.

Hoje a coisa é diferente
Para o cabra valentão:
Sendo preso limpa o mato
Dois dias em pleno chão,
Com rapidez e carinho
Leva a terra num "carrinho",
Puxa água no cacimbão...

Antigamente se andava
Na rua, dia de feira,
Com medo das insolências
Dos bêbados com peixeira,
Porém hoje a volta é crua:
Pode se dormir na rua
Ressonando a noite inteira!

Era um regime maldito
De crime, ofensa e caipora,
Porém o Capitão Cláudio
Chegou em cima da hora;
Vejam o que sucedeu:

O Leão apareceu
Os lobos foram embora...

VERSOS DO CEGO ADERALDO PARA JOÃO EUDES COSTA

João Eudes é um nobre moço!...
Meu especial amigo,
Tem duas flores na alma
Que é quem lhe servem de abrigo
São duas luzentes estrelas
Que na outra estrofe eu digo.

Que são Lucíola e Vandira
Dois lindos espíritos de luz;
Correndo por entre as flores,
Pés descalços e braços nus,
Para pegar no vergel,
As borboletas azuis...

João Eudes, desde menino,
Dedicou-se a estudar
Cupido rei do amor,
Teseu fez ele casar
Hoje é Rei da sua casa
Com a Rainha do lar.

SONHO DO CEGO ADERALDO

As nove horas da noite
Eu senti que tinha sede
Tomei um pouquinho d'água
Depois me deite na rede,
Comecei a me embalar
Dando com o pé na parede.

Devido àquele balanço
O sono concilieі,
Um sono reparador
No qual eu até sonhei
Umas coisas esquisitas
Que ainda não decifrei.

Sonhei que via uma mata
E nela um vergel em flores,
Enfeitando aquele bosque
Num tom de todas as cores,
E em cima um sol causticante
Com raios abrasadores!

Vi sair daquele bosque
A figura de um cristão,
Um velhinho já corcunda
Arrimado em bastão,
Calçando umas alpercatas
Como gente do sertão.

Ele, muito delicado,
Me fez uma saudação
Com palavras tão bonitas
Que encheram meu coração
De alegria, por sentir
Nele tanta educação.

Saudei ao velho, dizendo:
Tens uma linguagem nobre,
De uma ciência elevada
Que o céu desta terra cobre...
E ele fez um ar tão triste,
E disse: – Eu sou muito pobre.

De fato: pelo seu traje
Tinha um sinal de pobreza,
A roupa, muito surrada
Aumentava-lhe a tristeza,
Mas ele sorriu dizendo:
"Eu tive muita riqueza!".

"Porém, muitos dos meus filhos
Usaram de falsidade:
Fizeram com os vizinhos
Mil transações de amizade,
Levando tudo que eu tinha
Pra gastar com vaidade...".

"Venderam muita platina,
Pedras preciosas e ouro,
Chumbo, ferro e manganês,
Desfalcando o meu tesouro,
E ainda dizem: – Que importa
Que o Papai se acabe em choro?".

"Mas ainda tenho moeda
De alto quilate e coroa,
Isto é: água perene
Que aos meus terrenos agôa,
O meu lugar é sadio
E a terra é muito boa!"

"Eu perguntei: – Quem és tu,
Tão bondoso, tão gentil,
Que dizes ainda ter
Sobre a terra encantos mil?".
Ele riu baixinho e disse:
" – Meu filho, eu sou o Brasil...".

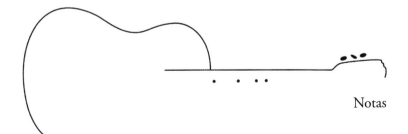
Notas

1. Como alude o ensaio *O Cego, a viagem, o voo*, do escritor Mário Pontes.

2. Segundo o bancário, historiador e jornalista João Eudes Costa, de Quixadá, que foi testamenteiro do Cego, ele não se chamava Aderaldo: "O nome dele não era Aderaldo. Pouca gente sabe disso. Eu sei porque ele me disse várias vezes. Ele se chamava Abelardo, quando os olhos dele espocaram o nome ainda era esse". João Eudes me explicou que o pai do Cego, com as dificuldades na fala em decorrência do AVC que sofrera, passou a pronunciar o nome do filho Aderaldo no lugar de Abelardo. Penso que isso deva ter influenciado a vizinhança a também chamá-lo assim.

3. Cego Aderaldo fala que lá nasceu também Antônio Martins Filho, o eterno reitor da Universidade Federal do Ceará – UFC. Ele fez publicar na primeira edição do seu livro *Eu sou o Cego Aderaldo* a seguinte dedicatória: "Ao Magnífico Reitor Martins Filho, esta página, com a recordação da rua em que nascemos "Pedra Lavrada", hoje rua da Vala, na cidade do Crato, com o reconhecimento do Cego Aderaldo". O cientista político Paulo Elpídio de Menezes Neto esclarece: "O menino Antônio veio ao mundo no Sítio Santa Teresa, pequena propriedade paterna, nas terras viçosas do Cariri cearense, ribeirinha do Salamanca, pequeno e sinuoso curso d'água, que ganhava ares e pretensões inesperadas com a chegada das chuvas. A evocação peninsular do pequeno rio não interferia no atrativo exercido sobre a meninada nas suas aventuras e folguedos. Atribuía-se ao Salamanca função geográfica e política relevante, a de fixar os limites que separam os municípios de Barbalha e Missão Velha, situadas precisamente nas imediações do sítio Santa Teresa. Essa referência geográfica se não era pacífica à época, quando vivia o seu bisavô, João Antônio de Jesus, o conhecido major Janjoca, grande proprietário e senhor de escravos, em Santa Teresa, muito menos aceita seria no futuro, quando se viesse a discutir o lugar

de nascimento de Antônio Martins Filho. Salvou-o das inevitáveis hostilidades que se teriam travado entre os municípios em disputa, a certidão de nascimento, em boa hora aviada em cartório do Crato. Por essa razão e pelas afeições que o tempo fortaleceria, fez-se Antônio Martins Filho cidadão do Crato, sem que devesse abrir mão das suas imunidades ancestrais, dos que como ele integram a estirpe dos Terésios, frondosa árvore genealógica na qual se cruzam ramificações que ostentam raízes ultramarinas e autóctones – na sacristia e na senzala, conforme o olhar gilberteano –, numa amálgama de vertentes de raças distintas, como acontece com a maior parte das famílias nordestinas".

4. Rua Aderaldo Ferreira de Araújo. Situada no bairro Triângulo. Inicia na Avenida Plácido Castelo, nas proximidades do Clube Comercial, segue em direção oeste-leste até a rua Tenente Cravo. Denominada por força da Lei Nº. 733, de 22.03.1974, registrada no livro nº 7 da Câmara Municipal de Quixadá, proposição do vereador Adauto Lino do Nascimento, sancionada pelo prefeito Aziz Okka Baquit.

5. Cegou por conta de um fenômeno físico que nunca entendeu: trabalhava em uma máquina a vapor de descaroçar algodão – o oftalmologista e estudioso da vida de pessoas privadas da visão, Valdo Pessoa, relata que na época ele trabalhava numa caldeira – e, ao meio-dia, suspendeu o serviço para beber água. O copo estava muito quente, a água, fria. Seus olhos então "estouraram". Interrogava sempre: "Que mal pode fazer um copo d'água? Por que haveria de cegar por apenas isso?". Rachel de Queiroz fala que ele trabalhando na caldeira de uma padaria puxada a vapor, fez irromper um jato de vapor que o atingiu nos olhos. João Eudes Costa escreve: "Trabalhava alimentando a caldeira de lenha na fábrica do Sr. Daniel de Moura. Sentiu sede e foi beber água na casa fronteiriça ao portão da fábrica (hoje a fábrica pertence ao Sr. Aziz Baquit). Ao ingerir o líquido sentiu um impacto na cabeça, seus olhos estouraram sob a pressão de uma grande hemorragia".

6. A história do cavaquinho foi contada por Aderaldo a Eduardo Campos, no famoso livro *Eu sou o Cego Aderaldo*. Contudo,

Eduardo Campos, no livro *Cantador, musa e viola*, dá conta de que o primeiro instrumento do Cego foi uma rabequinha, dada por dois ou três amigos.

7. A escritora Rachel de Queiroz escreveu: "Gostava ele de cantar uma "poesia" que pretendia haver composto, letra e música, em homenagem à sua mãe morta. Os versos são bastante medíocres, porém o cantador muito se orgulhava da "composição". Dava-lhe mesmo tanta importância que, no acervo de centenas de canções que compusera durante mais de setenta anos de cantoria, é ela que reproduz por inteiro no seu livro de memórias. Escutando-o pela primeira vez cantar a tal peça, tive a impressão segura do *déjà vu*, ou *déjà su*. Escavaquei na memória e recordei que na minha infância, no Pará, ouvira e aprendera da nossa lavadeira portuguesa a canção ou fado "Três Lágrimas", idêntica à de Aderaldo na música, na letra e até no título. Dou aqui a letra, para comparação:

Versão da portuguesa

Eu era ainda pequeno
Mas lembro-me ainda bem
De ver a minha mãe
Em negra viuvez
Meu pai jazia inerte
Estendido no caixão
E eu chorei então
Pela primeira vez.

Mais tarde, homem já
A minha santa mãe
Partiu, morreu também
Levaram-na de vez.
Fiquei no mundo só
Sem ter uma afeição
E eu chorei então,
Pela segunda vez.

Amei noiva gentil
Mas Deus tão boa a achou
Que pro céu a levou
O que sofri não sei
Foi então que eu chorei
Pela terceira vez
Sonho que se desfaz
E nunca mais chorei.

Como será fácil de ver, a primeira estrofe de Aderaldo é quase copiada da letra portuguesa. A segunda estrofe já varia muito. Na terceira, ele omite a noiva e conta o caso da cegueira. Por fim, numa quarta estrofe sem correspondente na versão da minha portuguesa, conta ele que enxugou o pranto, se dedicou à poesia etc. Salta aos olhos que não foi o fadista português que imitou Aderaldo, mas Aderaldo que imitou ou plagiou (talvez eu não deva dizer palavra tão dura), ou parafraseou o luso. Pelas rimas de *mãe* com *bem*, que um cantador nordestino jamais empregaria, pela sintaxe da versão portuguesa, pelo seu muito superior acabamento em metrificação e realização poética, não pode haver a menor dúvida sobre qual é o original e qual é a paráfrase".

8. Amigo de Cego Aderaldo por mais de vinte anos. Ao menos uma vez por mês o Cego o visitava na redação do Correio do Ceará, antigo diário de Fortaleza.

9. Cego Aderaldo viajou também para Amazonas. Possivelmente motivado pela ida do seu irmão Reginaldo para região. Lá levou sua cantoria para os moradores ribeirinhos, seguindo, sempre cantando, pelo rio Purus, atravessou o Acre até o Peru e foi depois para Bolívia. Na volta para o Ceará, adotou e trouxe consigo uma criança indígena.

10. Em um original da segunda edição do livro *Eu sou o Cego Aderaldo* (original esse que não foi publicado) que traz notas de rodapés elaboradas por Mário Aderaldo e Francisco Gonçalves da Silva (filho de criação do Cego, foi projecionista de filmes) o encontro de Cego Aderaldo e Lampião é datado como acontecido em 1926, quando

Lampião foi chamado pelo Dr. Floro Bartolomeu para integrar os Batalhões Patrióticos e combater a Coluna Prestes. O original que não foi publicado teve mais de uma versão. Numa das versões, o jornalista Zélito Magalhães tem importante colaboração.

11. De 1877.

12. Escreve Rachel de Queiroz, em crônica na revista *O Cruzeiro*: "Faz algum tempo um político lhe deu uma maquininha de cinema, que o cantador levava pelos povoados do interior, completando a exibição dos filmes com explicações e cantigas. Viajava com uns burros, – mas com o tempo os burros foram morrendo, e alguns amigos jornalistas se lembraram de iniciar uma subscrição para lhe comprarem um jipe. Aí, porém aconteceu uma tragédia: a pequena casa onde o Aderaldo morava em Quixadá, "coberta de Jitirana, cheia de flor em botão", pegou fogo, foi-se embora. E o incêndio comeu também o projetor de cinema, os filmes, tudo. Desolado, sem teto, o poeta desistiu da subscrição, que já não tinha sentido. Os poucos contos de reis obtidos, deixou-os no banco onde estavam – "ficam para o meu enterro...". Um deputado, seu admirador, doído daquela má sorte, obteve para o cantador uma casa da Fundação da Casa Popular, em Fortaleza. Mas aí apareceu um "algoz" – e denunciou o cego como proprietário em Quixadá "de uma casa e de um cinema" – aquilo que o fogo levara...". João Eudes Costa conta que apenas um cômodo que ficava no quintal da casa é que pegou fogo, justamente onde ficava a máquina cinematográfica.

13. Em Fortaleza, Aderaldo morava nesse clube, graças ao industrial cearense Fernando de Alencar Pinto, importante mecenas e amigo do Cego. Presidente do Jangada, Fernando Pinto abrigava o cantador no clube por tempo indeterminado. Cego Aderaldo tinha o Jangada Clube como seu lar.

14. No livro *Gênios da cantoria* (Wanderley Pereira e Geraldo Amâncio, Fortaleza, Independente, 2004), esse confronto é tido como se passado na Confeitaria Ritz. E na resposta do Cego, a palavra "besta" é substituída por tolo, só não na última frase.

15. Também no livro *Gênios da cantoria*, o confronto é descrito como sendo entre Rogaciano e Aderaldo.

16. O cantador refere-se a um funcionário da Rádio MEC que espiou pela vidraça do estúdio.

17. O convite para as gravações das cantorias na Rádio MEC foi de Dulce Martins Lamas.

18. O técnico da gravação acena com a mão, avisando que o disco está terminando.

19. Rachel de Queiroz diz que foi aos 75 anos.

20. Foi apaixonado por Angelina Coelho de Moraes.

21. Wanderley Pereira e Geraldo Amâncio, no livro *Gênios da cantoria*, grifam: "O Cego criou cerca de vinte e sete ou vinte e nove meninos".

22. Filho de Francisco Brito de Lima (popularmente conhecido por Chico Brito) e Eudoxia Brito de Lima.

23. Maria Nair de Oliveira Brito.

24. Mário Aderaldo Brito, filho adotivo do Cego, diz: "Ele tinha uns 2m de altura. Ou de 1,85m pra lá. Os óculos que usava, tipo John Lennon, eram só para compor o rosto, pra não assustar as crianças, porque dos olhos ficaram só as cavidades. Mas ele tinha um jeito de olhar para as fotos, que parecia que estava vendo".

25. Dizia que queria morrer e ser sepultado em Fortaleza: "Quando eu morrer, gente, me deixem mesmo em Fortaleza. Não me levem para Quixadá. A terra lá é dura, rija. Eu quero o chão fofo, mole, da beira-mar".

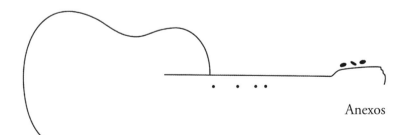

Anexos

GALOPE À BEIRA-MAR
Composição: Luiz Vieira
Canta: Inezita Barroso

Cantei o coco, baião cantei xaxado
Dancei rojão, mas agora eu vou cantar
Ai ai ui ui um galope à beira-mar
Ai ai ui ui um galope à beira-mar
Vou lembrar Azulão, passarinho moderado
Dizendo é um dia é um dedo é um dado
Cantando um repente de peito embolado
Cantando e gemendo sem se aperriar
Dizendo é um dado é um dedo é um dia
Num galope à beira-mar, ai ai ui ui no galope à beira-mar

É galope lascado dos cabra da peste
Lembrar cantadores lembrar do Nordeste
Ceguinho Aderaldo, do sertão agreste
Cantando repente sem se admirar
Lembrar quem a paca cara compra
Paca cara pagará, ai ai ui ui num galope à beira-mar

Desafio (quadrão)

registros de gravação do Cego Aderaldo,
na rádio MEC, Rio de Janeiro, 1949.

*Conforme registrado em 'Literatura popular em verso',
Ministério da Educação e Cultura, Fundação Casa de Rui Barbosa,
Rio de Janeiro, 1973*

Copyright © 2005 Alessandro Valente / Jangada Brasil
http://www.jangadabrasil.com.br

Desafio (sextilhas)

registros de gravação do Cego Aderaldo,
na rádio MEC, Rio de Janeiro, 1949.

*Conforme registrado em 'Literatura popular em verso',
Ministério da Educação e Cultura, Fundação Casa de Rui Barbosa,
Rio de Janeiro, 1973*

Ó do-ce luz dos meus o-lhos

Co-ra-ção e_a lem-bran-ça   Tu-do quan-to_eu pro-cu-ro eu ve-jo per-se-ve-ran-ça

Meu pei-to vi-ve can-sa-do   po-rém não sen-te mu-dan-ça

Eu des-de mui-to cri-an-ça que pro-cu-rei me man-ter   Vi-ven-do da can-to-ri-a pa-

-ra ves-tir e co-mer   Já que ser gran-de po-e-ta lu-tei mas não pu-de ser

Copyright © 2005 Alessandro Valente / Jangada Brasil
http://www.jangadabrasil.com.br

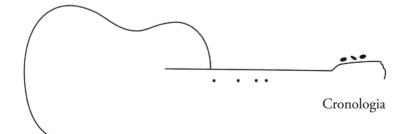

Cronologia

- 1878
  Nasce no Crato, em 24 de junho, Aderaldo Ferreira de Araújo, o Cego Aderaldo.

- 1879
  Vai, com a família, morar em Quixadá. Lá, o pai sofre um AVC ficando com dificuldade na fala, surdo e aleijado.

- 1883
  Começa a trabalhar para ajudar a família.

- 1886
  Nasce Firmino Teixeira do Amaral.

- 1896
  Seu pai falece em 10 de março. Em 25 de março, seus olhos "estouram" e, em agosto, está completamente cego.

- 1897
  Sonha cantando, ganha uma rabeca de presente e inicia suas cantorias.

- 1898
  Sua mãe morre e dá início a suas andanças.

- 1904
  Nasce, em 22 de dezembro, no Sítio Santa Teresa, às margens do Rio Salamanca, hoje pertencente ao Município de Missão Velha, Antônio Martins Filho. Principal fundador da UFC (Universidade Federal do Ceará) e seu reitor por muitos anos.

- 1906
  Vai pra Fortaleza.

- 1907
  Volta pro sertão, sem morada fixa, cantando em várias cidades.

- 1909
  Nasce Patativa do Assaré.

- 1914
  Fixa-se em Quixadá.

- 1915
  Seca do Quinze. Fugindo dela, migra para o Pará.

- 1916
  Em Belém, ganha do amigo cordelista Firmino Teixeira do Amaral, o cordel: "Peleja do Cego Aderaldo com Zé Pretinho do Tucum".

- 1919
  Retorna para Quixadá.

- 1923
  Já famoso, encontra-se com Padre Cícero.

- 1926
  Possível encontro com Lampião.
  Falece Firmino Teixeira do Amaral.

- 1931
  Passa a percorrer o sertão com um gramofone, tocando discos para os sertanejos.

- 1933
  Percorre novamente o sertão. Desta vez com um projetor cinematográfico a exibir filmes.

- 1942
  Estabelece-se em Fortaleza com uma mercearia.

- 1943
Falido, fecha a mercearia e volta a cantar pelo Nordeste.

- 1945
Para de aceitar desafios.

- 1946
Participa, no Theatro José de Alencar, em Fortaleza, do "Primeiro Congresso de Cantadores do Nordeste". Divide o primeiro prêmio do Congresso com Otacílio Batista.

- 1949
Viaja para o Rio de Janeiro, em companhia de outros cantadores, onde faz várias apresentações.

- 1951
É condecorado com a medalha de ouro, conferecida pelo Banco União, no programa "Galeria de Honra", da Ceará Rádio Clube.

- 1960
Nova viagem ao Rio de Janeiro. Vai a Santos. Juscelino Kubitscheck, por decreto publicado no *Diário Oficial da União* de 12 de abril, através da lei Nº 3.749, concede-lhe uma pensão de 5000 mil cruzeiros mensais.

- 1963
A Imprensa Universitária do Ceará – UFC, publica o livro: *Eu Sou o Cego Aderaldo*.

- 1967
Cego Aderaldo falece em 30 de junho, em Fortaleza.

- 1969
Falece Rogaciano Leite, no Rio de Janeiro.

- 1979
O médium paulista Jorge Rizzini psicografa versos de Cego Aderaldo.

- 1981
  É inaugurada, em Quixadá, uma estátua de 4m do Cego.

- 1994
  Falece Mário Aderaldo Brito, em Fortaleza, no dia 20 de setembro, filho adotivo de Cego Aderaldo.
  É publicada a 2ª edição de *Eu sou o Cego Aderaldo*, pela editora Maltese, com apoio da Fundação Waldemar Alcântara e do Governo do Estado do Ceará.

- 2002
  Falece Patativa do Assaré.

- 2010
  Lançado o livro *Cego Aderaldo*, integrando a coleção *Terra Bárbara* das Edições Demócrito Rocha.

- 2011
  Programa documentário sobre Cego Aderaldo produzido pela TV Diário é veiculado no programa "Memória do Nordeste" da mesma emissora.

- 2012
  Dia 3 de junho, estreia do filme documentário *"Cego Aderaldo: O Cantador e o Mito"*, do cineasta Rosemberg Cariry. A estreia do filme foi no Theatro José de Alencar, em exibição especial no 22º Cine Ceará. Exposição *"Viva o Cego Aderaldo"*, mostra de 22 peças de barro, feitas pela ceramista Liara Leite, recriando passagens da vida do Cego Aderaldo. A exposição teve curadoria de Rosemberg Cariry e ficou em cartaz nos jardins do Theatro José de Alencar de 3 a 8 de junho.

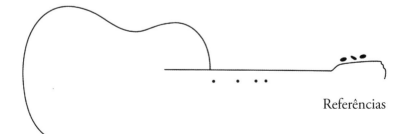

Referências

Êle tirou a viola
De um saco novo de chita
E cuja viola estava
Tôda enfeitada de fita
Ouvi as moças dizendo:
Oh! Que viola bonita!

Então para me assentar
Botaram um pobre caixão
Já velho, desmantelado
Dêsses que vêm com sabão
Eu sentei-me nêle, vergou
E me deu um beliscão...

Eu tirei a rabequinha
De um pobre saco de meia
Um pouco desconfiado
Por estar em terra alheia
Aí umas moças disseram:
Meu Deus! Que rabeca feia!

Uma disse a Zé Pretinho:
— A roupa do cego é suja
Botem três guardas na porta
Para que êle não fuja
Cego feio, assim de óculos
Só parece uma coruja.

LIVROS

Araújo, A. de F. *Eu sou o Cego Aderaldo: minhas memórias, de menino a velho.* Fortaleza, Imprensa Universitária do Ceará, 1963.

_____. *Eu sou o Cego Aderaldo: minhas memórias, de menino a velho.* 2 ed. São Paulo, Maltese, 1994.

Araújo, R. *Cantador, verso e viola.* Rio de Janeiro, Editora Pongetti, 1974.

Campos, E. *Cantador, musa e viola.* Rio de Janeiro, Americana/ Brasília, INL, 1973.

Cascudo, L. da C. *Vaqueiros e cantadores.* Belo Horizonte, Itatiaia; São Paulo, Editora da Universidade de São Paulo, 1984.

Costa, P. *Poemário de Cordéis.* Coleção Nordestina, Teresina, Universidade Federal do Piauí, 2011.

Costa, J. E. C. *Ruas que contam a história de Quixadá.* Fortaleza, ABC Editora, 2008.

Linhares, F. & Batista, O. *Antologia ilustrada dos cantadores.* Fortaleza, Imprensa Universitária do Ceará, UFC, 1976.

Lopes, J. de R. (org.). *Literatura de cordel: antologia.* 3 ed. Fortaleza, Banco do Nordeste do Brasil, 1994.

Menezes Neto, P. E. de. Coleção Terra Bárbara. *Martins Filho.* Fortaleza, Edições Demócrito Rocha, 2004.

Ministério da Educação e Cultura. Fundação Casa de Rui Barbosa. Coleção de textos da língua portuguesa moderna, 4. *Literatura Popular em verso, estudos.* Rio de Janeiro, 1973.

Mota, L. *Cantadores, poesia e linguagem do sertão cearense.* 3 ed. Fortaleza, Imprensa Universitária do Ceará, UFC, 1961.

Pereira, W. & Amâncio, G. *Gênios da cantoria.* Fortaleza, Independente, 2004.

Vieira, A. padre. *Eu e os outros.* Fortaleza, Edições IOCE, Imprensa Oficial do Ceará, 1987.

JORNAIS E REVISTAS

23 anos sem o Cego Aderaldo. *Tribuna do Ceará.* Municípios, 07.dez.1990, p. 31.

A luz da sabedoria popular. *O Povo.* Caderno B – Vida & Arte, 29.jun.1989, p.1.

Aderaldo sem desafio. *Diário do Nordeste.* Caderno 3, 27.jan.2004, p.3.

Cego Aderaldo: cantor da ferida nordestina. *O Povo.* Segundo Caderno, 20.jun.1987, p. 4 e 5.

Cegos marcam cena nordestina. *Diário do Nordeste.* Caderno Regional, 29.nov.2004, p. 1 e 2.

Cinema à luz do cantador. *Diário do Nordeste.* Caderno 3, 02.jun.2012, p. 1 e 4.

Encontro do Cego Aderaldo com Lampião: historiador reabre polêmica em Quixadá. *Diário do Nordeste.* Caderno Regional, 25.out.2002, p.1.

Médium paulista psicografa versos do Cego Aderaldo. *O Povo.* Segundo Caderno, 30.out.1979, p.19.

Queiroz, R. de. O Cego Aderaldo. *Revista O Cruzeiro*. 3.out.1959. Última Página.

Violeiro Aderaldo: voz do sertão. *O Povo*. Caderno B – Vida & Arte, 23.jul.1991, p.1.

CORDÉIS

Aderaldo, C. Versos do Cego Aderaldo um dos mais famosos cantadores do Nordeste: oferta do Licôr de Tayuyá de São João da Barra poderoso depurativo do sangue. O cordel não tem data. A página 12 traz um carimbo promocional do xarope Agriodol onde o médico Dr. Adamastor Lemos atesta o uso do remédio em sua clínica com ótimos resultados. O carimbo é assinado com a data de 2 de fevereiro de 1920. O que leva a crer que o cordel também seja do referido ano.

Conrado, B. *Vida e morte do Cego Aderaldo*. Fortaleza, Secretaria de Cultura, Desporto e Promoção Social, abr. 1976.

ENSAIOS

Aquino, J. L. de. Cego Aderaldo, o mais lírico violeiro e cantador do Brasil. *Jornal do Commercio*, Recife, 25.jun.1977.

Pontes, M. *O Cego, a viagem, o voo*.

CATÁLOGO

Consórcio de propaganda direta. Fortaleza, Ano I, nº 05. nov/dez, sem ano.

SITES

Cifra Club disponível em: http://www.cifraclub.terra.com.

Jangada Brasil - A cara e a alma brasileiras. Disponível em: http://www.jangadabrasil.com.br.

Memória Viva - História rima com Memória. Disponível em: http://www.memoriaviva.com.br.

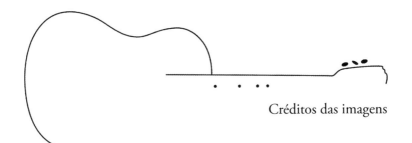

Créditos das imagens

- página 8
Cego Aderaldo e seu olhar firme para a câmera fotográfica. Arquivo Mário Aderaldo/Nair Brito. Gentilmente cedida pela Cariri Filmes.

- página 12
Outubro de 1951. Cego Aderaldo mostrando sua medalha de ouro. Homenagem que recebeu no programa "Galeria de Honra", da Ceará Rádio Clube. Ofertada pelo Banco União. Arquivo Mário Aderaldo/Nair Brito. Gentilmente cedida pela Cariri Filmes.

- página 18
Cego Aderaldo. Arquivo Mário Aderaldo/Nair Brito. Gentilmente cedida pela Cariri Filmes.

- página 24
Peleja do Cego Aderaldo com Zé Pretinho. Em quadrinhos. Acervo da Editora Luzeiro LTDA.

- página 42
Cego Aderaldo fazendo o que mais gostava: cantar. Arquivo Mário Aderaldo/Nair Brito. Gentilmente cedida pela Cariri Filmes.

- página 46
Com a suposta pistola que ganhou de Lampião. Arquivo Mário Aderaldo/Nair Brito. Gentilmente cedida pela Cariri Filmes.

- página 52
Cego Aderaldo. Arquivo Mário Aderaldo/Nair Brito. Gentilmente cedida pela Cariri Filmes.

- página 56
O Cego em mais uma pose para foto. Arquivo Mário Aderaldo/Nair Brito. Gentilmente cedida pela Cariri Filmes.

- página 74
  Recebendo das mãos do Padre Mário Serra, à sua esquerda, um reprodutor cinematográfico, presente do então Governador de São Paulo, Ademar de Barros. Arquivo Mário Aderaldo/Nair Brito. Gentilmente cedida pela Cariri Filmes.

- página 80
  acima – Aderaldo no programa "Este é o Mestre", da TV Paulista. Arquivo Mário Aderaldo/Nair Brito. Gentilmente cedida pela Cariri Filmes.
  abaixo – 1960. Cego Aderaldo concedendo uma reportagem logo após sua chegada a Santos. Tendo à sua esquerda Mário Aderaldo e à direita Siqueira de Amorim. Arquivo Mário Aderaldo/Nair Brito. Gentilmente cedida pela Cariri Filmes.

- página 96
  Em desafio com Domingos Fonseca. Em pé, o locutor J. de Aquino e Rogaciano Leite, segurando o microfone para Cego Aderaldo. Arquivo Mário Aderaldo/Nair Brito. Gentilmente cedida pela Cariri Filmes.

- página 102
  acima – Cego Aderaldo ao centro, Domingos Fonseca à direita, Zé Augusto e Mário Aderaldo à esquerda; em pé o pintor suíço Jean Pierre Chabloz e Rogaciano Leite, da esquerda para a direita. Arquivo Mário Aderaldo/Nair Brito. Gentilmente cedida pela Cariri Filmes.
  abaixo – Cego Aderaldo e seu filho adotivo Mário Aderaldo Brito. Arquivo Mário Aderaldo/Nair Brito. Gentilmente cedida pela Cariri Filmes.

- página 116
  Mario Aderaldo Brito, filho adotivo de Cego Aderaldo. Arquivo Mário Aderaldo/Nair Brito. Gentilmente cedida pela Cariri Filmes.

- página 122
  acima – Enterro do Cego Aderaldo. Arquivo Mário Aderaldo/Nair Brito. Gentilmente cedida pela Cariri Filmes.

abaixo – Cantadores no velório do Cego Aderaldo. Arquivo Mário Aderaldo/Nair Brito. Gentilmente cedida pela Cariri Filmes.

- página 126
  Cego Aderaldo posando para foto. Posava como se estivesse vendo. Arquivo Mário Aderaldo/Nair Brito. Gentilmente cedida pela Cariri Filmes.

- página 134
  No Corcovado em 1949 ao lado do filho, Mário Aderaldo. Arquivo Mário Aderaldo/Nair Brito. Gentilmente cedida pela Cariri Filmes.

- página 156
  Mario Aderaldo Brito, filho adotivo de Cego Aderaldo. Arquivo Mário Aderaldo/Nair Brito. Gentilmente cedida pela Cariri Filmes.

- página 164
  Cego Aderaldo. Arquivo Mário Aderaldo/Nair Brito. Gentilmente cedida pela Cariri Filmes.

- página 172
  Estátua de Cego Aderaldo em Quixadá. Foto: Fábio Barros. Fonte: Ficheiro do Wikipédia.

- página 178
  Página da *Peleja do Cego Aderaldo com Zé Pretinho*. Em quadrinhos. Gentileza de Arievaldo Viana.

- página 188
  O Cego em mais uma pose para foto. Arquivo Mário Aderaldo/Nair Brito. Gentilmente cedida pela Cariri Filmes.

- páginas 190 e 191
  Cego Aderaldo e o grupo musical, formado com seus filhos adotivos, que o acompanhava em suas apresentações. Arquivo Mário Aderaldo/Nair Brito. Gentilmente cedida pela Cariri Filmes.

Sobre o autor

Cláudio Portella (Fortaleza, 1972) é escritor, poeta, crítico literário e jornalista cultural. Autor dos livros *Bingo!* (2003), *Melhores Poemas Patativa do Assaré* (2006; 1ª reimpressão, 2011; Edição em E-book, 2013), *Crack* (2009), *fodaleza.com* (2009), *As Vísceras* (2010), *Cego Aderaldo* (2010), *o livro dos epigramas & outros poemas* (2011) e *Net* (2011). Colabora em importantes publicações do Brasil e do exterior. Ganhou o concurso de conto da UBENY - União Brasileira de Escritores em Nova York.

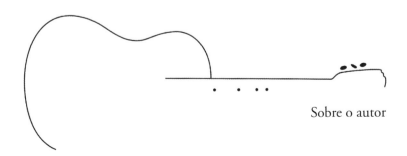

Impresso em São Paulo, SP, em novembro de 2013,
com miolo em avena 80 g/m², nas oficinas da Arvato Bertelsmann.
Composto em Adobe Garamond.

Não encontrando esta obra nas livrarias,
solicite-a diretamente à editora.

Escrituras Editora e Distribuidora de Livros Ltda.
Rua Maestro Callia, 123
Vila Mariana – São Paulo, SP – 04012-100
Tel.: (11) 5904-4499 / Fax: (11) 5904-4495
escrituras@escrituras.com.br
vendas@escrituras.com.br
imprensa@escrituras.com.br
www.escrituras.com.br